Schiavi del Tempo

La folle corsa del mondo postmoderno

Riflessioni per una vita più umana, lenta e consapevole

Ivan Petruzzi

Sito: www.tragicomico.it
E-mail: info@tragicomico.it
Facebook: https://www.facebook.com/tragicomico.it
Instagram: https://www.instagram.com/tragicomico.it

Editing a cura di: Simona Camporesi
www.simonacamporesi.it
simona.camporesi@gmail.com

Impaginazione: Servizi Editoriali
www.servizieditoriali.info
info@servizieditoriali.info

Illustrazione di copertina: Massimiliano Veltri
www.massimilianoveltri.com
instagram.com/massimilianoveltri

ISBN 9781709268946

Indice

Premessa

"Perché non scrivi un libro?"

È questa la domanda che mi sono sentito ripetere più volte in questi ultimi anni, da quando, nel 2013, ho deciso di fondare il blog www.tragicomico.it. La mia risposta è sempre stata la stessa: non ho tempo. Perché per scrivere un libro, prima di ogni cosa, devi avere il tempo per farlo, e anche tanto. Eppure, dentro di me sapevo che in quella domanda c'era un segnale, l'indicazione di una nuova direzione, che poi tanto nuova non era.

Quel segnale è rimasto lì, sepolto, a decantare. Fino a quando un giorno ho deciso.

Era arrivato il momento di alzare l'asticella. Di accettare una nuova sfida. Che non era tanto la scrittura di un libro – quello semmai è sempre stato un mio sogno nel cassetto, un sogno che oggi finalmente prende forma – quanto decidere di **riprendere in mano le redini del mio tempo**. Per farlo, ho dovuto **agire**. Ho dovuto cambiare molti aspetti della mia vita, tra i quali imparare ad assegnare le giuste priorità. Perché non è vero che non abbiamo tempo, è solo che lo sprechiamo, e quello che non sprechiamo, ce lo facciamo rubare.

Ho deciso quindi di smettere di sprecare il mio tempo e di investirlo su di me e su queste pagine, così da poter diffondere un messaggio che sempre mi è stato a cuore: **il nostro tempo di vita è la cosa più preziosa che abbiamo**.

Scrivere, però, non è stato l'unico passo. Ho deciso anche di diventare **editore di me stesso**. Come avrai notato, infatti, questo libro non porta il marchio di nessuna casa editrice. Scegliere la strada indipendente del self-publishing è stata una decisione ben ponderata, dettata dall'esigenza di conservare l'impareggiabile libertà di pensiero che da sempre mi contraddistingue come blogger.

Una cosa, però, ci tengo a precisare. **Libertà di pensiero** non significa sentirsi depositari di qualche presunta verità. Quella che stai per leggere, infatti, non è una "guida definitiva" sulla malattia del tempo, né una di quelle liste che oggi vanno tanto di moda in stile "tutto quello che devi sapere su…". Soprattutto, non è il messaggio rivoluzionario di un nuovo pseudo guru.

Chi scrive è una persona normale, proprio come te. Una persona che avuto il coraggio, o forse solo il privilegio, di aprire un blog e di vederlo crescere pian piano, fino a diventare nel suo piccolo un riferimento per alcune migliaia di persone stanche del conformismo dilagante. Il coraggio, o forse solo il privilegio, di poter sempre scrivere quello che voleva, come lo voleva, senza filtri e senza padroni, né leggi di marketing cui sottostare.

Da questi presupposti nasce *Schiavi del Tempo*. Ed è con una certa emozione che ora te lo consegno, augurandomi che possa toccare le corde più profonde di te, così come ha fatto con le mie.

Buona lettura.

Introduzione

Questo scritto intende dare attenzione a quella che considero una delle più grandi piaghe dell'era moderna, l'**accelerazione sociale folle e sconsiderata**, e prenderne in analisi le conseguenze devastanti sulla vita delle persone, prima tra tutte il **prosciugamento del tempo di vita**.

Intende osservare il problema nei suoi risvolti più eclatanti, senza sconti e mezze verità, perché, se davvero esiste la possibilità di risolvere un problema, questa consiste nel guardarlo in faccia, non certo nel far finta che non esista.

Intende infine, attraverso una struttura speculare, affiancare all'analisi una visione alternativa della questione. **Non soluzioni**, che non spetta a me dare, **ma spunti di riflessione**, prospettive di osservazione differenti, spiragli verso una modalità di vita alternativa, più lenta e consapevole.

Nessuna guida, dunque, ma un **percorso di consapevolezza condiviso tra autore e lettore**, condotto con l'umiltà di chi sa di non avere alcuna certezza in tasca e la determinazione di chi non dimentica che l'essere umano è di gran lunga più potente di quel che gli hanno sempre fatto credere e che **non esiste crisi che non sia seguita da un'evoluzione**.

Struttura e argomenti del libro

Il libro parte con un'**analisi disincantata della malattia del tempo** che attanaglia le nostre esistenze, soffermandosi sugli aspetti della vita dove produce gli effetti più drammatici: il lavoro, i consumi, le distrazioni, le relazioni.

All'analisi segue una **seconda parte più riflessiva**, che porta a osservare gli argomenti appena affrontati da una prospettiva differente, suggerendo un **approccio alla vita più umano e rallentato**, che possa aiutarci ad assaporare pienamente questo dono chiamato Vita. Ricordando che ogni strada verso la felicità è diversa ma unico è l'obiettivo finale: una vita vissuta a fondo, una vita non sprecata.

Nel primo capitolo (*Vite di corsa*) si individuano le cause principali dell'accelerazione sociale disumana che divora il nostro tempo – lo spirito di competizione esasperato, la rivoluzione digitale, la globalizzazione, l'assuefazione all'effimero, il consumo compulsivo e inconsapevole che ci distoglie dall'essenziale – e si osserva il grande paradosso di un tempo scarno, mai sufficiente, perennemente ricercato e ugualmente temuto.

Il secondo capitolo (*L'idolo del lavoro*) è dedicato al grande blob che spreme energie, talenti e tempo dalle nostre vite. Si osserva quanto la percezione del lavoro sia cambiata nel corso dei secoli, passando da mezzo per vivere a scopo esistenziale, e la parabola involutiva che lo ha trasformato nella nuova schiavitù, con effetti devastanti sull'uomo in termini di stress e alienazione personale.

Il terzo capitolo (*Consumatori consumati*) analizza la relazione tra il tempo e la trappola del consumismo, la nuova religione che ci imbriglia in un circolo vizioso di acquisti superficiali e compulsivi e che ci rende dipendenti sotto la promessa di una felicità illusoria.

Il quarto capitolo (*L'era della distrazione*) esamina le conseguenze del sovraccarico informativo in cui viviamo e l'assuefazione che genera nell'essere umano, sempre più impaurito dal silenzio e incapace di guardare in faccia se stesso.

Il quinto capitolo (*Relazioni al collasso*) prende in considerazione l'ambito della nostra vita che forse più risente della Grande Corsa: le relazioni umane. Si osserva come l'assenza di tempo trasformi i rapporti in beni di consumo qualunque, convertendoci in partner manageriali, genitori distratti ed esseri umani aridi e indifferenti agli altri.

Con il capitolo 6 (*Filosofia della lentezza*) si traghetta il lettore dalla fase di analisi a quella di riflessione. Dopo avere individuato la "malattia", ci spostiamo sulla "cura": **la lentezza**. Si sottolinea l'urgenza di un **cambio di direzione e velocità** per riscoprire la propria essenza, ristabilire le giuste priorità, smettere di sopravvivere e cominciare a vivere. In un gioco a specchio con il primo capitolo, si anticipano gli ambiti in cui un cambio di paradigma si rende particolarmente impellente, lasciando ai successivi capitoli il compito di suggerire nuovi approcci esistenziali.

Nel settimo capitolo (*Un lavoro a misura d'uomo*) si afferma il diritto universale di ogni individuo a un lavoro dignitoso e a misura d'uomo, in linea con i propri ritmi, talenti e aspirazioni. E si sottolinea come ogni cambiamento abbia bisogno di tre elementi per potersi realizzare: coraggio, consapevolezza e azione.

Nell'ottavo capitolo (*Una vita sostenibile*) si riflette sulla schiavitù del denaro e sul tempo quale vera moneta di scambio. Si ragiona sulla necessità di salvaguardarlo, abbracciando un Rinascimento economico e spirituale fatto di riduzione degli sprechi, consumo consapevole e cooperazione sociale.

Nel nono capitolo (*Il qui e ora*) si invita a ridurre le distrazioni e a vivere il più possibile nel momento presente, così da riscoprire se stessi, la bellezza delle piccole cose e il potere taumaturgico del silenzio, che conduce alla più profonda e antica terapia che uomo conosca: quella dell'ozio, della riflessione e della creatività.

Nel decimo capitolo (*Una nuova umanità*) si suggerisce come, attraverso la pratica di un sano egoismo e regolari pulizie di primavera, sia possibile ridare ai rapporti che contano la giusta linfa vitale e porre le basi per una nuova apertura al mondo, che veda in quello donato agli altri il tempo più importante, l'unico che anziché andare sprecato può essere moltiplicato.

Due brevissime note, prima di lasciarti alla lettura.

Il libro è stato concepito e costruito in **modalità a "specchio"**. La prima parte (capitoli 1-5) è uno specchio della seconda (capitoli 6-10) e ogni capitolo di analisi uno specchio del relativo capitolo di riflessione (il capitolo 1 ha come controparte il 6, il 2 il 7 e così via).

Questo particolare accorgimento fa sì che il testo possa essere letto sia nel suo sviluppo naturale, vale a dire dall'inizio alla fine, sia riletto successivamente per un maggiore approfondimento dei singoli argomenti. Chi fosse particolarmente interessato alle relazioni personali potrà, ad esempio, soffermarsi sui capitoli 5 e 10, mentre chi volesse approfondire il tema del consumismo dovrà concentrarsi sul terzo e sull'ottavo capitolo.

La seconda, doverosa nota riguarda l'utilizzo della seconda persona singolare come modalità scelta per rivolgersi al lettore. A qualcuno potrebbe apparire sopra le righe, forse persino un poco presuntuosa. Tengo perciò a precisare che la mia intenzione non è mai stata quella di mettermi su un piedestallo, o mostrarmi depositario di qualsivoglia verità, ma solo condividere con gli altri quel poco che ho imparato negli anni e provare, nel mio piccolo, a scuotere qualche animo. E ricordare a tutti, me compreso, che **la vita è una sola e il tempo il dono più importante da salvaguardare**.

CAPITOLO 1

Vite di corsa

"Ormai nessuno ha più tempo per nulla.
Neppure di meravigliarsi, inorridirsi, commuoversi,
innamorarsi, stare con se stessi.
Le scuse per non fermarci a chiedere se questo correre ci rende
felici sono migliaia, e se non ci sono, siamo bravissimi a
inventarle."

(Tiziano Terzani)

Destinazione Nowhere

Il topolino fa una piccola pausa e annusa l'aria intorno, poi, sulle note trionfali di *L'amour est un oiseau rebelle*[1], parte di gran carriera a raggiungere gli altri.

"Gli altri" sono una manciata di topolini che corrono spediti nella sua stessa direzione. Dieci, venti, cinquanta, centinaia di topolini tutti grigi, tutti identici a lui.

Poi d'improvviso la corsa si arresta, la scena si allarga e mostra una folla indistinta di minuscoli esseri zampettanti vestiti di tutto punto, la cravatta che penzola dal collo, la ventiquattrore a tracolla, lo smartphone stretto tra le dita uncinate. Sono immobili, uno appiccicato all'altro, gli occhi

---

1. È l'aria più famosa della *Carmen*, la celebre opera del compositore francese Georges Bizet, rappresentata per la prima volta a Parigi nel 1875.

senza espressione incollati davanti a sé in attesa di qualcosa.

Pochi secondi e quel "qualcosa" arriva e ha la forma gelida di una metropolitana. Il carico che trasporta lo si intuisce ancor prima di vederlo attraverso i vetri: vagoni di esseri sconfitti stipati come sardine. Carne da macello. Attorno, cartelloni pubblicitari che inneggiano alla felicità e tabelloni su cui scorre incessante la destinazione del treno: *Nowhere*. In nessun luogo.

I portelloni si aprono e la folla indistinta sputa faticosamente fuori un topolino, che viene subito sostituito da un altro, del tutto identico a lui, in attesa sulla banchina. Uno fuori, l'altro dentro, sul muso la stessa espressione vuota. Le porte si richiudono, il treno riparte. Destinazione *Nowhere*.

Mentre osservi la metropolitana ripartire veloce sulle note libertine della *Carmen*, senti un nodo stringerti alla gola.

Quel topolino tu lo conosci.

È tuo padre.

È il tuo capo.

È il tuo collega.

È il tuo vicino di casa.

È l'operaio che si prosciuga il cervello dentro la catena di montaggio, il rider che ti recapita a casa il sushi la domenica sera in cambio di una manciata di spiccioli, la dirigente d'azienda imbottigliata nel traffico che divora una sigaretta dietro l'altra mentre impreca al telefono.

È ogni singola persona che incroci durante la giornata, a cui non presti attenzione, a cui non rivolgi la parola, di cui ignori persino l'esistenza.

Quel topolino sei tu.

(Ispirato al cortometraggio *Happiness*, di Steve Cutts)

La folle corsa del mondo postmoderno

È questo il grande paradosso dell'uomo contemporaneo: **correre per non andare da nessuna parte**. È la folle velocità di cui è impregnata la nostra vita la vera malattia del 21° secolo, il cancro e la depressione sono solo una conseguenza, il segnale inequivocabile che qualcosa si è rotto. E a volte, purtroppo, si è rotto per sempre.

La velocità ce l'abbiamo nel sangue, ci scorre sottopelle ancor prima che apriamo gli occhi sul mondo. Ci viene trasmessa da nostra madre attraverso il cordone ombelicale, sotto forma del cibo riscaldato al microonde che ingurgita di fretta prima di rituffarsi nel lavoro, dei gas di scarico delle automobili che inala per la strada, della sveglia che senza grazia la catapulta giù dal letto al mattino, dei trilli incessanti delle notifiche sul cellulare che non spegne mai.

Il primo vagito ci sputa dentro un mondo che non conosce la lentezza, che ha dimenticato l'ascolto e la pazienza, ci catapulta tra i meccanismi oliati e malati di una società iper accelerata dove esseri lobotomizzati dalla tecnologia, dalle futilità e da lavori sempre più alienanti camminano ciechi verso il baratro. Una società di topolini con le sneakers e i bastoni da selfie, cavie da laboratorio sui tacchi a spillo che si aggirano a testa bassa tra le quattro mura della teca che chiamiamo mondo, privi di scopo, speranza e identità. **Una società grottesca che corre senza direzione**, tappa dopo tappa, anno dopo anno, sogno infranto dopo sogno infranto, incapace di fermarsi e respirare, di sciogliersi in un abbraccio, di porsi le domande che contano davvero.

Terrorizzati da un tempo liquido che ci scivola tra le dita senza lasciare traccia, saturiamo la nostra vita di appuntamenti, scadenze e doveri per avere l'illusione di vivere di più. Anestetizzati da turni massacranti e giornate tutte uguali, riempiamo la casa di oggetti evanescenti strappati con le unghie all'ultimo Black Friday per fingere di non vedere i vuoti che ci circondano. Con la mente affogata nei social, nell'alcol, negli psicofarmaci e in **rapporti take away**, riempiamo le pause di niente per impedirci di pensare.

Il rischio, d'altronde, è enorme. Scoprire che tutto quel che ci circonda è solo un gigantesco velo di Maya[2] adagiato sul Grande Nulla.

Il mostro a tre teste

La cura per non vedere si chiama **alienazione**. Immersi in un carnevale frettoloso e multisensoriale, viviamo in un perenne stato di non presenza, di frammentata e alterata percezione di noi stessi e di quel che ci circonda. L'alienazione diffusa, e in gran parte auto indotta, che caratterizza la tardo-modernità si pone un unico obiettivo: andare sempre più veloce – nel lavoro, nella produzione, nelle relazioni sociali – così da bandire le occasioni di riflessione, la possibilità di guardarsi dentro.

È una società che fugge da se stessa, quella che corre, solo chi è a suo agio con le proprie parti buie può concedersi il lusso di rallentare.

Questa spasmodica **accelerazione sociale**, questa incapacità, o non volontà, di fermarsi, è la sofisticata droga del nuovo millennio che ci condanna all'eterna dipendenza.

---

2. Nel libro *Il mondo come volontà e rappresentazione* (1819), il filosofo Arthur Schopenhauer prese in prestito dall'induismo la parola *maya* (dal sanscrito "creazione") e la utilizzò per indicare il velo che offusca la vista dell'uomo, impedendogli di vedere la realtà che riposa sotto l'illusione.

Per autosostenersi, la grande corsa si ciba di un mostro a tre teste, la prima delle quali affonda le radici nell'interazione umana e porta l'ingombrante nome di **competizione**.

Per mio orgoglio, mio orgoglio, mio grandissimo orgoglio

Sei cresciuto con l'idea che l'importante fosse essere migliore, del tuo compagno di banco, dei tuoi colleghi, della versione precedente di te stesso. Ti hanno insegnato che per arrivare **devi competere** con gli altri, dimostrare il tuo valore a scapito di quello altrui, raggiungere l'asticella prefissata e superare i tuoi limiti.

Pensi che stia esagerando? Che stia calcando la mano per ottenere la tua attenzione? Fidati, non ne ho bisogno, è sufficiente che ti guardi attorno. Prova a spingere lo sguardo dentro un'aula scolastica, tanto per cominciare.

A parte alcuni piccoli esperimenti di bellezza, troppo di nicchia per riuscire a incidere sulla massa, nella scuola di oggi non c'è spazio per l'unicità. Tutto quello che dovremmo insegnare ai bambini per farli diventare adulti felici, o quanto meno provarci, è la libertà di individuare i propri talenti e coltivarli, e invece ci intestardiamo a ingabbiarli dentro programmi rigidi, del tutto impreparati alle sfumature e alle peculiarità, dove l'unica cosa che conta non è l'apprendimento ma il programma scolastico fine a se stesso.

La colpa non è soltanto di un sistema educativo improntato sull'eccellenza anziché sull'unicità, ma anche di **genitori narcisisti** in cerca di **bambini superman** da sfoggiare come un orpello a cena con gli amici. Figli che, anziché lasciati liberi di essere bambini, diventano surrogati di giovani adulti, già super impegnati, già super stressati, già super abituati a farsi largo a gomitate e imporsi sugli altri quando ancora odorano di latte. Bambini che masticano l'inglese ed eccellono con lo smartphone ma che non sanno cosa significhi correre sotto la pioggia e scivolare nel fango, che non hanno tempo libero, che non conoscono la noia.

"A sette anni è già uno youtuber", "Fa yoga e meditazione ogni mercoledì pomeriggio", "È la migliore del suo corso di danza": la fiera delle vanità e dei talenti costruiti a tavolino pronti per essere sfoggiati sui social.

Crescendo, poi, i super bambini diventano **super uomini ingessati** dentro vite rigide dove sono banditi l'errore, l'incertezza, la debolezza, dove non sono tollerate le crisi, le pause, le riflessioni, le messe in discussione. La corsa all'eccellenza si accompagna all'**inconsistenza**, la competitività trionfa sui social, dove lo sfoggio di vite lustrate di perfezione diventa un lavoro e la vanagloria il valore massimo cui immolarsi. La vacanza da sogno, la coppia tutta sorrisi e cuoricini, la mamma già in perfetta forma a pochi giorni dal parto: mistificazioni patinate di una realtà troppo banale per essere confessata.

La rivoluzione digitale e la globalizzazione

La seconda testa del grande mostro postmoderno che alimenta l'accelerazione sociale nasce da una grande singolarità: **il paradosso del tempo.**

Sia la globalizzazione che la diffusione in massa della tecnologia hanno come postulato della propria esistenza la generazione di un surplus di tempo. Abbattere le barriere tra i Paesi significa accorciare i tempi di reperimento dei prodotti, dei servizi e delle informazioni, con un vantaggio palpabile in termini di velocità, varietà e costi per l'utente finale.

La rivoluzione tecnologica e digitale, d'altro canto, offre su un piatto d'argento la possibilità di ridurre drasticamente gli "sprechi" di tempo per soddisfare i bisogni quotidiani – pensa ai megastore online, ai delivery service, all'home banking e ai sistemi di cash pay.

Eppure, lungi dal ritrovarci con un esubero di tempo che sarebbe sufficiente non solo a rallentare la nostra folle corsa quotidiana ma anche a nutrire le relazioni e coltivare le passioni trascurate, ci scopriamo più impegnati di prima. Il tempo che risparmiamo a fare la fila al supermercato lo sprechiamo online a comprare oggetti che non ci servono, a sputtanarci soldi sui siti di gambling, a chattare con persone che non incontreremo mai.

Nell'era digitale l'uomo guadagna tempo, ma non sa che farsene.

Siamo talmente abituati a non avere tempo e a lamentarci per la sua mancanza che quando ce lo ritroviamo tra le mani cadiamo nel panico. C'è gente che aspetta tutto l'anno di andare in ferie e quando finalmente si ritrova a bere un mojito sul lettino in spiaggia si annoia a morte e si ritrova a scrollare Facebook per ingannare il tempo. Quello stesso tempo che sognava a occhi aperti durante le interminabili ore passate in ufficio, ora lo terrorizza.

Poche cose, difatti, sgomentano l'uomo postmoderno più del tempo libero. E così, per non dover ritrovarci in compagnia di noi stessi e dei nostri fantasmi, facciamo di tutto per riempirlo. Come? Con nuove ore di lavoro e nuove attività. Soprattutto, con nuove futilità.

La dipendenza dall'effimero

Il lato più surreale del non avere tempo per fare quello che conta davvero è che gran parte delle nostre giornate è spesa dietro attività del tutto trascurabili. A meno che tu non sia impegnato a salvare vite o a combattere per la pace nel mondo, è molto probabile che dietro il tuo "Non ho tempo" che ripeti come un mantra si celi una banale **assuefazione alla superficialità**, all'intrattenimento scadente e al transitorio. Eccola qui la terza testa del mostro: la **dipendenza dall'effimero**.

Chiamo effimero tutto ciò che passa senza lasciare traccia, che non conduce a un'evoluzione personale, che viene compiuto in automatico e per semplice abitudine. Guardarsi cinque partite di calcio al giorno è effimero, parlare tanto per parlare è effimero, così come lo sono i giudizi e le sentenze sputate senza sapere nulla dell'argomento di cui ci si proclama massimi esperti.

Effimero è spendere denaro senza un obiettivo preciso, acquistare per noia, compulsione e puro spirito di competizione. Effimero è disconoscere il valore degli oggetti, ignorare il sudore che c'è dietro la loro produzione, lo sfruttamento che ha comportato, l'inquinamento che andrà a generare una volta consumato. È divorare quello che abbiamo di fronte – esseri animati e inanimati – come bestie feroci alla perenne ricerca di nuove prede.

Questa è l'era del **fast food esistenziale**, del consumo frenetico e inconsapevole. Instupiditi dai social, dalle mode e dalle pubblicità acchiappa-like, inseguiamo il consumo immediato nell'illusione che dietro le nostre compulsioni si nasconda una passione, un obiettivo, un progetto di qualsivoglia tipo. Mentre tutto quel che c'è dietro odora di putrefazione. E della grande carestia dell'uomo moderno. Quella del tempo.

Confessioni di un condannato a morte

(Pink Floyd)

Non ho tempo.

Non ho tempo per aiutare il mio vicino di casa, per fermarmi a fare due chiacchiere con lui prima di andare al lavoro, per conoscere il suo nome.

Non ho tempo per uscire con gli amici, per ascoltarli, per confidarmi. Non ho tempo per prendere tra le braccia mia moglie e farci l'amore con la lentezza che merita.

Non ho tempo per andare in campeggio con mio figlio, per insegnargli a pescare, per fargli alzare gli occhi al cielo e raccontargli delle stelle, dei navigatori e dei poeti.

Non ho tempo, né la pazienza, di ascoltare per l'ennesima volta i ricordi di giovinezza dei miei genitori, per guardare la tv con loro, per camminare alla loro stessa velocità.

Spero che non me ne vogliano, però, perché la colpa non è la loro. Il tempo, non l'ho nemmeno per me stesso.

Non ho tempo per andare in vacanza, non ho tempo per riposare. Non ho tempo per guardarmi in giro e cercare un nuovo lavoro.

Non ho tempo per imparare a suonare il pianoforte, per dipingere, per coltivare le mie passioni.

Non ho tempo per cucinare come Dio comanda, per fare una passeggiata, per prendermi cura del mio corpo.

Non ho tempo per sedermi un momento, chiudere gli occhi, rallentare il respiro, chiedermi se è questa la vita che volevo, capire se c'è ancora qualcosa che posso fare per correggere il tiro, o per lo meno tentare, almeno provarci a costruirmi la mia strada.

Non ho tempo.

Ma ora che ci penso bene, non sono così certo che questo sia un male. E se poi scoprissi che non è possibile cambiare rotta? Che ormai è troppo tardi? Ancora peggio, se scoprissi che è possibile disegnarmi una nuova vita ma poi non avessi il coraggio di farlo? Se scoprissi, se fossi costretto ad ammettere, che questo discomfort in cui mi sono impantanato ormai mi è caro come una seconda pelle e che lasciarlo per gettarmi nell'ignoto mi terrorizza?

No, meglio non chiedere, meglio non domandare. Meglio continuare a correre nell'illusione che più cose farò e più vivrò.

Perché per quanto orrore mi faccia questa vita, ancora più orrore mi fa la morte.

Cronofobia

> *"Non capivo i miei amici quando cominciavano a diventare vecchi e diventavano tristi. Perché, non lo sapevi che si invecchia? Cos'è, una novità?*
>
> *Ti devi preparare a tutto. Come ti prepari alla vita quando sei giovane, così devi prepararti alla fine della vita quando sei vecchio, senza disperazione, perché è naturale."*
>
> (ANDREA CAMILLERI)

Così descriveva la morte lo scrittore siciliano: il più grande mistero della vita trasmutato in un fatto del tutto naturale. I nostri vecchi lo sapevano bene, quando si tenevano i malati in casa, in modo che si affacciassero al grande passaggio circondati dai volti dei propri cari. Lo sanno bene ancora oggi i monaci buddhisti e i mistici di ogni confessione, che si preparano al Grande Mistero per tutta la vita e che, quando arriva il momento, allentano le resistenze e si abbandonano all'onda.

Noi invece no. Noi della morte abbiamo terrore.

La teniamo a distanza come tutto ciò che ci spaventa, la segreghiamo dentro le stanze asettiche degli ospedali, la cospargiamo di metafore, la affidiamo al mondo delle favole e della religione, là dove tutto accade senza colpo ferire.

È dalla paura della morte che nasce la paura del tempo. Viviamo costantemente con un nodo alla gola che ci toglie il respiro al pensiero di ciò che non abbiamo fatto, di ciò che non faremo.

Contiamo gli anni rimasti, i mesi, persino i minuti, contiamo i treni persi, i bivi sbagliati, le decisioni lasciate in sospeso. Gonfi di sensi di colpa e di rimpianti, fuggiamo il presente per rifugiarci in un passato irreale cosparso di lustrini. E così, quello stesso tempo, da formidabile alleato dei nostri giorni migliori, si svela improvvisamente una patata bollente difficile da gestire, un nemico impossibile da sopraffare. Perché è impensabile vincere chi, per sua stessa natura, è destinato a scivolare via.

Schiavi del Tempo

Il tempo ci sfugge tra le dita. Lo perdiamo per pigrizia, distrazione e mancanza di organizzazione, ma anche per ingenuità e un eccesso di buonismo tossico e inconcludente. Perdiamo tempo in continuazione e quel che non perdiamo ce lo facciamo rubare da chi è più scaltro di noi, da chi sfrutta i nostri sensi di colpa a proprio vantaggio, da chi ha imparato a trasformare la nostra umanità in una debolezza di cui chiedere scusa.

Iniziamo la giornata maledicendo il suono della sveglia e ci addormentiamo con l'ansia degli impegni che ci attendono al risveglio; in mezzo, uno sbadiglio veloce, velocissimo, uno sbadiglio lungo ventiquattro ore.

Persi dietro lavori che non ci gratificano, ci umiliano, ci sfiniscono, ad attività che non ci piacciono e a persone che ci succhiano energie, rotoliamo lungo i binari della vita con gli occhi spenti dalla routine, dalle scadenze e dall'effimero.

Siamo nati liberi, così ci hanno insegnato. Eppure, più diventiamo adulti e più questa libertà assomiglia a un'illusione. Ci sentiamo **cavie da laboratorio** chiuse dentro una teca di vetro, attraverso le cui pareti trasparenti qualcuno ci osserva e sogghigna soddisfatto: la nostra debolezza, il suo potere.

Ma se questa gabbia fosse anch'essa un'illusione? Ci hai mai pensato? Se fosse solo un modo vigliacco per mettersi la coscienza a posto, alzare le mani, dire "Lo vedi? Non è colpa mia".

In fondo, credersi schiavi è molto più semplice che ritenersi padroni del proprio destino. Perché se sei tu il padrone, allora non ci sono più scuse. Allora non puoi più nascondere la testa sotto la sabbia. L'unica cosa che ti resta da fare è darti una mossa e riprendere in mano le redini del tuo tempo, della tua vita.

CAPITOLO 2

L'idolo del lavoro

*"Il segreto dell'esistenza umana non sta soltanto nel vivere,
ma anche nel sapere per che cosa si vive."*

(Fëdor Dostoevskij)

Dead man walking

I corpi sono sdraiati a terra, accasciati sui marciapiedi, sulle sedie della metro, nei pianerottoli; alcuni sono scomposti, altri rannicchiati in posizione fetale come cuccioli d'uomo. Attorno, una scia di gesso bianco delinea le sagome.

Sembra la scena di un crimine e forse lo è davvero. Solo che i morti non sono morti, per lo meno non ancora.

Sono dipendenti e dirigenti giapponesi reduci da un *izakaya*[3] aperto fino a tarda notte, dove una settimana interminabile e sfiancante ha finalmente trovato il giusto oblio. Sono i **dead man walking**[4] **col colletto bianco**, i *salaryman* di un delirio lavorativo che da decenni tiene in catene il Giappone, ritenuto a furor di popolo uno dei Paesi più "progrediti" al mondo.

---

3. Annunciati dalla presenza di una lanterna rossa all'entrata, sono il corrispettivo giapponese delle nostre osterie. È tradizione che gli uomini vi si rechino a bere dopo il lavoro in compagnia di colleghi e capi ufficio.
4. Espressione usata in America per indicare i condannati a morte nell'atto di percorrere il tratto che li separa dalla sala di esecuzione.

Vittime di molestie, turni massacranti e un numero di straordinari non pagati che rasenta la follia (fino a 150 ore al mese), i **neo kamikaze in giacca e cravatta** si immolano per la causa comune, convinti che la propria individualità debba essere sacrificata nell'interesse dell'azienda.

Ma un particolare sconcerta più di tutti ed è che in gran parte si tratta di sacrifici volontari.

A costringere i colletti bianchi giapponesi a lavorare oltre i propri limiti non è quasi mai l'azienda ma una sorta di istinto primordiale che affonda le radici nella storia del Giappone postbellico, quando, sconfitto e umiliato dagli Alleati, il Paese riuscì a rimettersi in piedi in tempi record grazie alla perseveranza e ai ritmi di lavoro forsennati a cui si sottopose la popolazione. Quando poi l'emergenza venne meno, tornare indietro si rivelò impossibile e per continuare a giustificare un'iperattività che giustificazione più non aveva, venne compiuto il grande capolavoro: da necessità, **il lavoro venne trasformato in valore cui immolarsi.** Pian piano, lavorare divenne la massima realizzazione personale, il perno attorno cui far ruotare la propria esistenza. A scapito della vita stessa.

Bruciarsi di lavoro: la sindrome da burnout

Qualche anno fa un manga diventò virale e accese nel Sol Levante i riflettori su una delle più grandi follie dei tempi moderni: la **sindrome da burnout,** la malattia da stress lavorativo ed esistenziale reiterato nel tempo, che annovera, tra le altre terribili conseguenze, isolamento e apatia emozionale.

Il fumetto in questione portava un titolo emblematico (*Dovresti lasciare il tuo lavoro prima che ti uccida*[5]) e la firma di un'autrice e illustratrice giapponese, Kona Shiomachi, che per anni, come tanti suoi colleghi, si era sottoposta a orari di lavoro disumani, dedicando al riposo e alla cura di se stessa solo poche ore ogni notte. Poi, un giorno, mentre stava aspettando la metropolitana per tornare a casa, un pensiero le aveva attraversato veloce la mente: un solo passo verso i binari e non sarebbe mai più dovuta andare in ufficio. Per qualche convergenza divina, i suoi piedi rimasero incollati alla banchina, ma lo shock fu così grande da stravolgerle per sempre la vita.

Sull'orlo di una crisi di nervi, Kona si licenziò. E si riappropriò di sé.

Da allora, la sua missione divenne denunciare quel sistema sciagurato, che aveva deciso che il benessere e la sopravvivenza stessa dell'individuo fossero sacrificabili per una fantomatica "causa comune" votata all'**auto distruzione**. Era arrivato il momento che il suo adorato Paese togliesse la testa da sotto la sabbia, guardasse in faccia la realtà e invertisse la direzione di marcia prima che fosse troppo tardi.

Come ti sentiresti se ora ti dicessi che **il Giappone è più vicino di quel che sembra**?

Il nostro ritmo di vita continua ad accelerare anno dopo anno e anche in Occidente sono sempre più le persone che si esauriscono, si ammalano per lavoro. La situazione è così preoccupante da avere spinto l'Organizzazione Mondiale della Santità a riconoscere ufficialmente la sindrome da

---

5. *Quit your job before it kills you*, 2018. https://www.arte.tv/en/videos/080546-001-A/work-is-life/?xtor=CS1-41&kwp_0=1078577&fbclid=IwAR1ZPykfaWVnL-InT2KkNUItYmhIhNRZKQ4QxhDUp_b8ipYHmZGPjtRsTJ0

burnout, sdoganandola dai confini nipponici e allargandola a buona parte del mondo cosiddetto "civilizzato"[6].

Leggi la lista qui sotto.

Esaurimento emotivo.
Frustrazione e insoddisfazione.
Perdita di entusiasmo e di interesse.
Eccessiva irritabilità.
Tachicardia.
Insonnia.
Cefalea.
Gastrite.
Depressione.

Questi sono solo alcuni tra gli effetti psicologici e fisici di chi è affetto dalla sindrome da burnout. Ti dicono qualcosa? Hai mai avuto qualcuno di questi sintomi? C'è qualcuno tra le tue conoscenze che ne annovera più di uno e ne soffre in modo continuativo? Sì, non è vero?

Potresti dirti che sto esagerando, in fondo chi non ha mai avuto un po' di stress in vita sua?

Essere stressati in condizioni di particolare pressione psicologica è normale, persino sano, perché lo stress è un segnale di allarme, l'allerta di un pericolo che volteggia nell'aria, l'indicazione che occorre cambiare qualcosa.

Ma se il segnale di allarme viene ignorato, una, due, dieci volte, e poi ancora, fino a dimenticarsene del tutto; se si arriva a considerare lo stato di stress non più come l'eccezione da mettere in conto, ma come la norma; se il disagio viene tollerato troppo a lungo, se lo si lascia attecchire,

---

6. *http://www.ansa.it/canale_saluteebenessere/notizie/medicina/2019/05/28/stress-da-lavoro-il-burnout-e-ufficialmente-una-malattia-_1a478bdec52b-411a-a845-17d53327714b.html*

mettere radici e infine incancrenirsi... allora significa che è stata imboccata una **strada senza uscita**. Quella che dal sintomo conduce dritta alla **malattia**.

È allora che il lavoro si trasforma nell'unica ragione di vita. Che quel che rimane del tempo strappato all'ufficio scivola addosso non visto.

È allora che ci si dimentica di staccare il corpo e il cervello, di nutrire le relazioni, di curarsi di sé e delle proprie basilari esigenze.

È allora che si scompare. E che la libertà del lavoro inseguita per secoli dall'uomo si trasforma lentamente nel **cappio al collo che ci succhia via la vita**.

Arbeit macht frei

"Il lavoro rende liberi" c'era scritto all'entrata e forse qualcuno ci ha persino creduto per qualche frangente.

È impresa da maestri riuscire a trovare un ossimoro più agghiacciante di quello affisso sui cancelli di Dachau e di Auschwitz, sotto cui i deportati della follia nazista sfilavano ignari di quel che li attendeva.

E anche se quel capitolo ce lo siamo lasciati alle spalle, anche se quello è stato l'apice inarrivabile della degenerazione antropica, o almeno questo è quel che ci costringiamo a pensare per non perdere anche l'ultimo bagliore di speranza nel genere umano, lascia comunque piuttosto perplessi il paradosso di chi associa alla parola "libertà" quello che sempre più spesso si rivela essere la nostra condanna.

E dire che c'è stato un tempo in cui la parola "lavoro" non era affatto sinonimo di "libertà".

Altro che veicolo di elevazione: nella Roma e nella Grecia antiche il lavoro era considerato una punizione, la croce degli schiavi. L'uomo libero disprezzava il lavoro manuale e chi era costretto a eseguirlo, e ad esso contrapponeva *l'otium* quale massima espressione dell'intelletto e della creatività umana.

Qualcosa cominciò a cambiare durante il Medioevo, quando lo sviluppo del commercio svincolò il lavoro dalla mera fatica e andò a indicare l'abilità di progettare, sviluppare uno spirito imprenditoriale e gettare le fondamenta della propria libertà economica.

Ma fu la **Seconda Rivoluzione Industriale** con la nascita dell'impiego salariato a trasformare il lavoro in merce di scambio per ottenere denaro, salvacondotto privilegiato per gettare le basi della propria indipendenza.

L'illusione del lavoro quale strumento di libertà, però, durò poco. Dalle sue ceneri, emerse un'**individualità sola e disperata**, una folla informe fiaccata dalla fatica e instupidita dalla routine, del tutto incapace di reagire.

Cominciarono i Tempi moderni[7], l'Era dei **Nuovi Schiavi**. Quelli che si cibano di pane e ideologia.

L'ideologia del lavoro

Come tutte le ideologie, anche quella del lavoro si nutre di **quadrupedi dal cervello spento ed emozioni anestetizzate**. L'obiettivo è rendere la massa inoffensiva, talmente anestetizzata e confusa da non rendersi nemmeno conto della gabbia in cui è rinchiusa.

---

7. Il riferimento è all'omonimo film di Charlie Chaplin, del 1936, spietata denuncia del lavoro alienante.

Siamo rane messe a bollire dentro un pentolone a fuoco lento, siamo bravi soldatini che marciano sincroni senza sapere dove stanno andando, né tanto meno perché.

Dedichiamo al lavoro la parte migliore della nostra vita e del nostro entusiasmo, maledicendolo ogni santo giorno e aspettando con ansia il momento in cui ce ne libereremo e andremo in pensione. Per poi, una volta appeso il cartellino al chiodo, cadere nel panico perché non sappiamo più come ammazzare il tempo.

Viviamo convinti che più lavoreremo e più gli altri ci considereranno in gamba. Siamo talmente concentrati su quel che guadagniamo e condizionati da un'idea ingannevole di successo da non riuscire più a vedere la controparte dello scambio: la perdita **del tempo libero**, il **prosciugamento** del tempo per oziare, così come facevano gli antichi saggi, per occuparsi delle cose "alte", per coltivare i sentimenti, dare voce alla creatività e inseguire la propria evoluzione personale.

Così poco avvezzi a riflettere su ciò che siamo e ciò che vogliamo, soffochiamo le domande sul nascere, rifugiandoci nel comfort dei falsi miti che ci sono stati inculcati fin da piccoli.

Del lavoro e altre leggende popolari

La nostra realizzazione passa attraverso il lavoro. Non si lavora più per vivere ma si vive per lavorare. Per sacrificarsi, per emergere, per farsi grandi agli occhi degli altri. Per sentirsi persone di valore, adulte e responsabili, con una vita piena e degna d'invidia.

L'obiettivo non è mettere a frutto i propri talenti, né tantomeno creare valore nella vita degli altri. L'obiettivo è farsi spazio nel mondo, accumulare simboli di ricchezza così da poterli ostentare e costruire attraverso di essi la propria identità. Se poi, per generare ricchezza, ci si priva del tempo necessario per goderne i frutti poco importa, quel che conta non è l'essenza ma l'apparenza, l'illusione luccicante ed effimera di una vita colma di significato.

Siamo il nostro lavoro. Da componente della vita di un essere umano, il lavoro si è risucchiato tutta la nostra identità. Prova a chiedere a qualcuno: "Chi sei?" e ti risponderà indicando il lavoro che svolge o il suo ruolo sociale. Dirà "Sono un idraulico", "Sono una biologa", "Sono un avvocato". Non dirà chi è, cosa gli piace fare, quali esperienze gli hanno segnato la via, ma solo quel che fa per portarsi a casa uno stipendio, nascondendo la propria unicità di essere umano dietro i soffocanti muri di un cliché.

Lavorare molto fa bene. Fa bene al benessere della famiglia, all'azienda, al Paese, al PIL, all'economia mondiale. Fa bene a te, a me, a noi, che lavorando tutto il giorno ci convinciamo di avere una vita "adulta" e degna di questo nome. Altro che quei fannulloni che lavorano part-time o prendono un'aspettativa per riscoprire se stessi, quelli davvero in gamba stanno con la schiena curva tutto il santo giorno per pagarsi l'affitto! E se pedalano per quattro spicci rischiando la vita a ogni incrocio, beh, che vuoi farci, quello è il rischio del mestiere.

Il lavoro nobilita l'uomo. Come se senza lavoro fossimo solo buoni per concimare i campi. Come se non fossimo nobili già di nostro, per il solo fatto di essere vivi. Come se farsi sfruttare per arrivare a fine mese fosse dignitoso, come se chiudere nel cassetto la laurea e i propri sogni per potersi accaparrare un contratto da stagista sottopagato c'entrasse davvero qualcosa con la dignità di un essere umano.

Il quarto articolo della nostra Costituzione dice che ogni cittadino deve contribuire al progresso materiale o spirituale della società. Peccato che abbiano dimenticato di esplicitare a scapito di cosa.

Vivere o sopravvivere?

Sotto la cortina dei luoghi comuni, che imputridiscono nel pantano della menzogna e dell'ipocrisia, riposa la realtà, come sempre meno prosaica del teatrino allestito con sapienza.

La realtà parla di un lavoro che il più delle volte non ci eleva affatto, anzi ci affossa, che non ci arricchisce, ma ci prosciuga, che non ci dona dignità, ma **giornate tutte uguali che finiscono ancor prima di cominciare.**

Non facciamo che attendere giorni migliori, quando finalmente ci toglieremo questo fardello di insoddisfazione di dosso e torneremo a sorridere alla vita.

Aspettiamo con trepidazione il week end, l'arrivo dell'estate, l'incontro con l'anima gemella, la possibilità di un nuovo lavoro.

E quando non attendiamo, ci concentriamo sul chiudere gli occhi e desiderare di annullare, dimenticare, sperare che passi in fretta. Diciamo "non vedo l'ora che questa giornata finisca", "che quest'anno tremendo si tolga di mezzo", senza renderci minimamente conto che quel che stiamo invocando è la fine di qualcosa di prezioso che non tornerà mai più. E che un giorno rimpiangeremo.

Non riusciamo nemmeno più a vederla, questa **emorragia di tempo** che ci viene costantemente sottratta. E il dettaglio tragicomico che rende tutto, se possibile, ancor più surreale, è che spesso ci esauriamo per la gloria del nulla. Ci consumiamo dietro **lavori senza spessore e senza eticità**, che quasi mai abbelliscono il mondo, ma al contrario lo sviliscono, gettandogli addosso badilate di letame. Sacrifichiamo i nostri migliori anni dietro lavori eterni, barattiamo la nostra felicità per **mestieri senza scopo**, senza obiettivi, senza progetti.

Anziché espressione dei propri talenti, anziché creazione di valore per sé e per gli altri, il lavoro si è fatto mero **riempimento di tempo**, la scusa dietro cui trincerarsi per non dover ritrovarsi faccia a faccia con la più grande minaccia che l'uomo contemporaneo conosca: il tempo libero.

Chi dice che il problema sia il lavoro, però, osserva il dito anziché la luna.

Il lavoro non è il demonio. Il demonio è l'uso che decidiamo di fare del lavoro, la percezione che ne abbiamo, lo strapotere di cui lo investiamo.

Vivere senza lavorare è un'utopia, e non è di utopie che si nutre l'uomo saggio e consapevole.

Ma se è vero che il lavoro è il mezzo necessario per scendere a patti con una società fondata sull'uso del denaro, altrettanto vero è che se finisce per coincidere con la vita stessa, allora non ha più senso parlare di "vita", ma tutt'al più di "sopravvivenza".

E allora la domanda diventa lecita: **vogliamo vivere o sopravvivere?**

CAPITOLO 3

Consumatori consumati

*"Consumiamo ogni giorno senza pensare,
senza accorgerci che il consumo sta consumando
noi e la sostanza del nostro desiderio.
È una guerra silenziosa e la stiamo perdendo."*

(ZYGMUNT BAUMAN)

Il costo del tempo

Stacca per un attimo gli occhi da questo libro e guardati attorno. Guarda i vestiti che indossi, guarda i mobili e gli oggetti che ti circondano.

Quante ore di lavoro sono state necessarie per poterti permettere il divano angolare su cui sei comodamente allungato? E la smart tv 65 pollici che pende imperiosa dalla parete di fronte? E che mi dici degli elettrodomestici ultra digitali che hai stipati in cucina, molti dei quali, ci scommetto, nemmeno ti ricordi che esistono?

Adesso prova ad allargare ancora la visuale. Immagina di spingere lo sguardo oltre la finestra e di raggiungere la strada sotto casa. Eccola lì, parcheggiata a regola d'arte, la tua bella macchinina lucidata di fresco. Quante ore della tua vita ti costerà, ci hai pensato? Cosa dovrai sacrificare per potertela permettere? Quante ore toglierai a tuo figlio, quante ore sacrificherai alle tue passioni?

Guardare gli oggetti che ci circondano con occhio critico e distaccato è un esercizio che dovremmo fare tutti regolarmente per riprendere coscienza di una verità fondamentale, eppure così spesso dimenticata, ovvero che **il valore di un prodotto non è il suo costo in denaro**.

Quando acquistiamo un oggetto, il denaro è solo una delle merci di scambio che utilizziamo per averlo, la più superficiale, la più trascurabile. Le "vere" monete riposano dietro di esso e si chiamano **tempo libero** e **benessere personale**.

Thoreau[8] diceva che il costo di qualcosa è "la quantità di vita" necessaria per potersela permettere. Il vero costo di un oggetto, cioè, non è il numero di banconote che dobbiamo tirare fuori per barattarlo ma il tempo e l'energia vitale che ci sono richiesti per racimolare il denaro necessario per pagarlo.

Ora chiudi un attimo gli occhi e pensa: **a cosa hai rinunciato per inseguire la felicità che ti avevano promesso?** E come ti sei sentito, quando hai scoperto che quella felicità era tutta un'illusione?

Il grande inganno

A meno che le tue radici non affondino in un remoto paesino del Laos, dove la felicità forse si conta ancora tra i chicchi di una ciotola di riso, probabilmente anche tu sei

---

8. Henry David Thoreau (1817-1862), filosofo e scrittore statunitense. Mise al centro delle sue opere e della sua riflessione la natura, vista come ricerca di sé e soluzione esistenziale. Nella sua opera più famosa, *Walden ovvero Vita nei boschi* (1854), raccontò la propria esperienza di due anni passati in una capanna autocostruita su un lago nel Massachusetts.

cresciuto con il mito del denaro quale rampa di decollo verso la Terra Promessa.

Quanti tra coloro che sostengono che il denaro non dia la felicità lo pensano davvero?

Dopotutto, siamo figli della nostra Storia. I nostri nonni erano contadini e operai, i nostri genitori i primi fruitori di un'Italia inebriata dal boom economico che, con un certo grado di ragione, considerava la ricchezza un motivo di orgoglio da sventolare sotto il naso di parenti e conoscenti dopo decenni di sacrifici e restrizioni.

Da allora, quella ricchezza ce la siamo tenuta stretta, l'abbiamo posta su un piedistallo, le abbiamo sistemato sopra il capo un'aureola e abbiamo cominciato a idolatrarla. Eccola qui pronta, la nuova religione. Ecco a voi il grande inganno.

La convinzione che il denaro possa dare la felicità nasce dall'illusione umana, troppo umana, che il benessere fisico e spirituale risieda in qualcosa che si trova al di fuori di sé. È lo stesso principio che alimenta i miti, le fedi e l'amore: cerco all'esterno quello che non riesco a trovare dentro, cerco una toppa per le mie carenze, una medicina per il mio dolore. Ma il paradosso è palese, inseguiamo l'eternità in qualcosa che per sua stessa natura è consumabile e deperibile. Evanescente, esattamente come noi.

Mia nonna aveva un soprammobile di ceramica appoggiato sul mobile del salotto che non ho mai dimenticato. Un uomo se ne stava seduto con le braghe calate sul water; sotto di lui, una scritta sentenziava *"Saranno grandi i papi, saran potenti i re, ma quando qui si siedono son tutti come me"*.

Per la morte è la stessa cosa. Non conta se possiedi palazzi o una piccola capanna sul fiume, se giri il mondo su uno jet privato o sulle ruote consumate di una Graziella. Cenere eri e cenere ritornerai. E **la cenere non sa che farsene dei tuoi soldi**, di questo puoi esserne sicuro.

La trappola del consumismo

La religione del denaro non ha bisogno di otto per mille, esenzioni Imu e questua domenicale per mantenersi, perché può contare su un *cash flow* a tutti gli effetti ininterrotto: il consumismo.

Come tutte le sette, il consumismo non chiede il permesso, sfonda la porta e si intrufola nelle nostre vite ancor prima che ne abbiamo coscienza. Non è un'adesione volontaria la nostra, quanto meno in apparenza, ma una strada "obbligata" su cui ci troviamo a correre non appena nasciamo. Odoriamo ancora di latte che siamo già perfette **macchine da consumo**, oliate da una società fagocitante e capricciosa che crea desideri e con la stessa facilità li distrugge, una società abile a vendicarsi instillando devastanti **sensi di colpa e insoddisfazione** in chiunque non tenga il passo richiesto.

Nasciamo convinti che tutto possa essere comprato, a fronte di qualche innocuo ergastolo finanziario a tasso agevolato. Non sono solo le case, le macchine, gli oggetti e i servizi a essere acquistabili, ma anche le esperienze, le poltrone in Parlamento e le relazioni.

Il denaro spiega le sue grandi ali anche su ciò che trascende la vita, per lo meno come la conosciamo oggi; c'è chi si è già assicurato un posto sulla prima spedizione su Marte e chi cerca di garantirsi la vita eterna facendo ibernare il proprio corpo passato a miglior vita. **Nemmeno la morte sfugge alla mercificazione**, con servizi di pompe funebri che sfoggiano in catalogo, tra bare di rovere e urne di marmo, lussuose limousine da accompagnamento e diamantificazione delle ceneri.

Il criceto nasce già dentro la ruota e per tutta la vita non farà che girare in tondo, inseguendo una felicità fittizia alimentata dal perfetto desiderio: quello insoddisfatto.

Per mantenere salda la presa sulle sue vittime, il consumismo si avvale delle suggestioni manipolative della Sindrome di Stoccolma, secondo cui la vittima si lega di sua spontanea volontà al proprio carceriere perché ha passato così tanto tempo sotto i suoi artigli che non può più vivere senza di lui. Le armi che utilizza per il nobil fine sono due: l'insoddisfazione e la dipendenza.

Il consumatore deve essere sempre insoddisfatto, perché qualora la sua smania trovasse fine, smetterebbe di consumare.

Il consumatore deve essere dipendente da ciò che lo schiavizza. Il consumo sfrenato e l'illusione della felicità che da esso deriva sono le droghe che lo tengono aggrappato alla vita e alimentano il sistema.

Il crimine è sotto gli occhi di tutti, ma ben pochi riescono a vederlo. L'Inferno esiste e si chiama Frivolandia.

Frivolandia

Nel Paese di Frivolandia tutti sembrano felici.

Sono belli, vestiti bene e freschi di parrucchiere, con le tasche gonfie di accessori hi-tech.

Passano il tempo curvi sullo smartphone, attraverso il quale giudicano il mondo, combattono grandi battaglie a suon di insulti e si innamorano sfruttando gli ultimi algoritmi.

Gli abitanti di Frivolandia seguono la **moda** e gli **influencer** senza soffermarsi a interrogare i propri gusti, tanto meno il proprio senso etico. Non hanno un soldo, a sentirli dire, ma si indebitano per comprare il Suv da guidare in città e accaparrarsi l'ultimo modello dell'iPhone. Hanno le unghie laccate di fresco e i capelli stirati, ma si accapigliano al primo sabato di saldi con la grazia dell'Ultimo dei Mohicani, perché la borsa griffata a quel prezzo, quando mai gli ricapita?

Gli abitanti di Frivolandia hanno saziato in fretta i bisogni primari e ora possono dedicarsi senza riserve né vergogna alla soddisfazione dei **bisogni indotti**.

Annebbiati dalla pubblicità e dalla competizione, sbavano di fronte a oggetti che non sapevano di volere e di cui non sanno che farsene, ma per i quali sono disposti a indebitarsi e a fare decine di ore di straordinari.

Mangiano vegano, i frivolandesi, e raccolgono firme contro la scomparsa degli orango del Borneo, poi chiudono il telefono e corrono in un "Tutto a 99 cent" a riempire buste di luccicanti inutilità di plastica, che il giorno dopo getteranno nel bidone dell'indifferenziata.

Consumano e sprecano, macinano e triturano 24 ore su 24, alimentati da un'economia che ha reso l'**obsolescenza pianificata** una filosofia di vita. A Frivolandia la tecnologia non si batte per una maggiore durata ma insegue la morte prematura degli oggetti, creando prodotti programmati per terminare il proprio ciclo vitale il prima possibile, così da poter essere sostituiti e ricominciare l'eterno loop.

Dietro il tritacarne del sistema, un unico obiettivo. Assicurarsi **consumatori a vita**.

Storia di un consumatore consumato

Il consumatore consumato riempie i vuoti esistenziali con la carta di credito, gli ansiolitici e il rincoglionimento 2.0. Naviga a vista nell'annebbiamento programmato e segue il Pifferaio magico verso il baratro, lungo una via ciottolata di cookie, algoritmi e privacy violate.

Il consumatore consumato salta da un acquisto all'altro come un'ape dai fiori di acacia a quelli di castagno, succhia i prodotti come fossero caramelle e poi li sputa non appena gli vengono a noia o qualcuno gli sventola sotto il naso un orpello più bello.

Il consumatore consumato osserva il mondo proiettato sulla parete della propria caverna credendolo vero[9], scorda le manette che gli attanagliano i polsi e si crede libero, mentre è solo parte di un meccanismo oliato nei secoli che ripete come un mantra *lavora, guadagna, consuma.* Così che tu possa poi ricominciare a lavorare, guadagnare e consumare, nei secoli dei secoli amen.

Il consumatore consumato non riflette, non si pone domande, non si mette in discussione.

Il consumatore consumato non pensa, perché ha dimenticato come si fa e forse non lo ha mai saputo.

---

9. Il riferimento è al mito della caverna di Platone, che il filosofo greco narra nel libro *La Repubblica.*

I "privilegi" del dipendente del sistema

Come una religione ha bisogno di adepti per non essere solo un nome su un pezzo di carta, così il consumismo ha bisogno di schiavi per continuare ad autolegittimarsi.

Per evitare che il nutrimento cessi e il meccanismo si inceppi, il sistema deve poter contare su **consumatori inconsapevoli, deboli e manipolabili**. Per riuscire nel suo intento ha solo un modo: privarli del tempo necessario per pensare.

– Tempo Libero e + Lavoro, ecco la formula con cui la società attua il passaggio drammatico e irreversibile da pensatore a consumatore.

Ogni tanto, per pura casualità, qualcuno spinge lo sguardo alle proprie spalle e vede il varco di uscita della caverna. Attraverso l'uscio intravede il mondo fuori e un piccolo sussulto gli percorre la colonna vertebrale. Ma ancor prima di muovere le mani per provare a sciogliere i polsi, un pensiero gli attraversa veloce la mente: se mi libero, **che fine faranno i miei privilegi?**

Per far tacere la propria coscienza e spegnere sul nascere qualsivoglia tentativo di fuga, il dipendente del sistema riceve infatti diversi benefici, alcuni dei quali talmente ghiotti da non potervi rinunciare.

Il dipendente ha una vita confortevole, che compensa, almeno temporaneamente, ogni suo affanno. Ha un piccolo appartamento carino, un giardino ben curato con angolo barbecue per le grigliate domenicali con gli amici, un partner, un bambino, un'auto e un cane. Non necessariamente in questo ordine.

Ha un intero mondo globalizzato a portata di mano, che non gli fa mancare niente. Ha a disposizione supermercati grandi come cittadine, con migliaia di varianti di cibo internazionale low cost e centinaia di megastore online con cui soddisfare ogni desiderio attraverso un semplice click.

Ha un benessere mediocre che lo mantiene saldo nel suo limbo esistenziale. Non sta né troppo bene né troppo male, ha abbastanza denaro e cibo in pancia per non fare la rivoluzione ma non a sufficienza per trovare il coraggio di scendere dalla ruota del criceto e costruirsi una vita propria. La possibilità di un benessere sconosciuto, difatti, lo terrorizza molto più del malessere conosciuto.

Ha una vita zeppa di impegni scandita da saltuari momenti di riposo. Lavora come un mulo per arrivare al week end e si prostituisce tutto l'anno in attesa dell'agognata vacanza. Per poi ritrovarsi in autostrada a ferragosto, stipato nel caldo infernale della propria macchina tra altre mille, diretto verso il trash sorrentiniano della Riviera Romagnola.

Sballottati tra un diversivo e l'altro, inebriati da paraventi e contentini, abbiamo prima giustificato la nostra insoddisfazione e poi l'abbiamo legittimata, fino al giorno in cui ci siamo scoperti, senza un briciolo di vergogna, a chiamarla "normalità".

Eh sì, perché anche noi siamo dentro la caverna, anche noi siamo dipendenti del sistema.

Perciò è arrivato il momento di chiederlo anche a noi stessi. Cosa abbiamo paura di perdere uscendo dalla caverna?

Cos'è stato a convincerci che valesse la pena gettare la spugna e uniformarci a una "normalità" che ci ha sempre fatto orrore?

Come hanno comprato il nostro silenzio?

Qual è il prezzo della nostra libertà?

CAPITOLO 4

L'era della distrazione

"Mi piacerebbe stare all'angolo di una strada molto frequentata, con il cappello in mano, e pregare la gente di buttarmi tutte le ore che ha sprecato."

(BERNARD BERENSON)

La cacofonia della distrazione

Toc toc, Driiiin, Tic tic tic tic.
Beep beep, Ni-no ni-no ni-no, Bau bau, Wrooom!
Patapum, Patacrash, Sbaaam!
Bla blA bLA BLA BLAAAAAAA!

Il telefono che squilla, qualcuno che bussa alla porta, le notifiche di Facebook, dei gruppi Whatsapp, dell'andamento dei bitcoin.

I clacson incessanti, il rombo dei motori, i decespugliatori, i martelli pneumatici, il camion della nettezza urbana, la sirena dell'ambulanza, gli allarmi delle case, il vicino che bestemmia, il cane che ulula, le liti tra i condomini. Un oceano di persone incuranti dei confini altrui che blaterano ad alta voce, ciarlano e urlano senza sapere cosa dire né tantomeno come.

Rumori in strada, in ufficio, sul treno, al ristorante e dentro casa. Rumori in spiaggia, sulla cima della montagna, tra i vicoli di un sito archeologico e i palchi di un teatro romano. Rumori attorno come un blob, **rumori ovunque e da chiunque**, senza un attimo di tregua.

Questo fuori. Dentro, se possibile, ancora peggio.

Dentro, il chiacchiericcio confuso e senza sosta di una mente impermeabile alla quiete che nel silenzio non si ritrova, anzi, annaspa e poi si affoga.

In mezzo noi, sull'orlo del collasso.

I nuovi ignoranti

Questa cacofonia sgraziata e invadente che ci bombarda 24 ore su 24 è soltanto uno dei tasselli che compongono il puzzle assai più ampio di un programma globale e meticoloso di **distrazione di massa**, di cui l'uomo è sia vittima che co-autore.

Viviamo schiacciati da un **sovraccarico informativo** che non sappiamo filtrare, che non sappiamo gestire, che non sappiamo più elaborare. Il grande paradosso della società tecnologica e globalista è che più aumentano le informazioni a disposizione e più labile si fa la nostra conoscenza.

Abbiamo sconfitto l'analfabetismo linguistico ma siamo del tutto impreparati di fronte all'**analfabetismo funzionale**.

Uno studente delle medie su tre non sa comprendere un testo, capisce le singole parole ma non sa cogliere il significato globale di uno scritto o di un discorso[10]. Incapaci di interpretare ed estrapolare, i nostri ragazzi non distinguono una notizia vera da una fake (beh, nemmeno gli adulti, se è per questo) e non sono in grado di costruirsi un'opinione perso-

---

10. https://www.repubblica.it/scuola/2019/07/10/news/il_35_
    per_cento_degli_studenti_di_terza_media_non_comprende_
    un_testo_di_italiano_al_sud_otto_su_dieci_in_ritardo_sull_in-
    gle-230850156/

nale a partire dalle informazioni che hanno a disposizione. Ma attenzione a scuotere la testa con aria di disapprovazione in pieno stile "ah, i giovani di oggi!", perché quei ragazzini non sono alieni calati sulla Terra da qualche sistema planetario. Quei ragazzini sono i tuoi figli, sono i miei, sono sangue del nostro sangue, sono l'evoluzione dei nostri geni.

Se un tempo si era consapevoli delle proprie lacune e le si gestiva con un certo grado di umiltà, oggi riusciamo a colorare di spocchia persino la nostra ignoranza. Crediamo di sapere tutto ma la verità è che non sappiamo niente. **Indifferenti all'analisi e all'approfondimento**, nuotiamo annaspando in superficie ignari degli abissi e indifferenti a ciò che potrebbero svelare, se solo glielo concedessimo.

I social sono le mamme dai seni abbondanti che accolgono a braccia spalancate tutti i figli confusi, distratti e instupiditi di questa società chiassosa e iper accelerata. Le informazioni di cui ci nutriamo hanno la forma sincopata dei tweet e la grammatica claudicante delle chat. È una **comunicazione sterile e involuta**, quella dei social, che si diffonde come un virus nella vita "reale", dove le discussioni "alte" e i confronti civili vengono barattati a favore di insulti e giudizi tagliati con l'accetta. Abbiamo gettato all'ortica gli sforzi millenari dei padri dell'arte oratoria, che vedevano nel linguaggio e nella comunicazione i mezzi privilegiati dell'evoluzione dell'uomo.

L'evoluzione si è persa, signori miei, l'evoluzione è morta sotto i morsi di un **vampiro rumoroso e distraente** che ci succhia energia ogni minuto che passa e che ci tallona fino a sera, quando, stremati e con la terribile sensazione di avere sprecato l'ennesima giornata, affondiamo la testa nel cuscino con le vene gonfie di ansiolitici, rimandando tutto a domani.

Poi domani arriva. E tutto ricomincia uguale.

Dammi oggi la mia dose quotidiana

Siamo talmente abituati a essere distratti che nemmeno ce ne accorgiamo più.

La distrazione è la nuova eroina e come tutte le dipendenze crea assuefazione. La battaglia che si combatte non è affatto per liberarsene, la battaglia è per trovare un modo soddisfacente e il meno dispendioso possibile per averne sempre di più.

La prima conseguenza dell'assuefazione è un'**amnesia generalizzata** e perfettamente democratica. Dimentichiamo tutto: i nomi delle persone, gli oggetti, gli appuntamenti, i nostri figli. Dimentichiamo di mangiare, di pagare le bollette, dimentichiamo persino di dormire. Ci assopiamo con il tablet appoggiato sul cuore come un rosario e ci svegliamo con la mano già allungata ad afferrare lo smartphone sul comodino, pronto a vomitarci addosso la prima vagonata di sciocchezze maturate nell'etere nel corso della notte.

Siamo distratti perché abbiamo troppi stimoli e perché anche il solo fermarci per organizzarci e fare un po' di pulizia viene percepito come una colossale perdita di tempo che non possiamo permetterci.

Cresciamo con il **culto del multitasking e del multithinking**. Il sistema ci reclama svegli e sempre sul pezzo, capaci di switchare da un'attività a un'altra nello spazio di un battito di ciglia.

E se non resta tempo per noi stessi, se non resta il tempo per riposarci e riflettere, per guardarci in faccia e chiederci se magari non abbiamo sbagliato qualcosa, se tutta questa frenesia è davvero ciò che sognavamo da ragazzini, beh, ancora meglio. Dopotutto, è atrofizzando i muscoli del cervello che si distoglie l'attenzione e ci si assicura l'eterna sottomissione.

Limitarsi a puntare il dito contro i Poteri Forti, qualunque cosa essi siano, sarebbe però una grande leggerezza. Ci vogliono prigionieri, è vero, ma non dimentichiamo che i primi carcerieri della nostra libertà non sono loro, non è il mercato, non è la società, siamo noi stessi.

La distrazione è una droga e provare ad allontanarsene significa precipitare in uno stato di astinenza complesso e doloroso, dove riappropriarsi di sé e del proprio tempo non assomiglia a una conquista, quanto piuttosto a una condanna.

Ecco allora che si getta la spugna e ricominciano le dosi. Ecco che ricomincia la grande fuga.

Non cogito, ergo sum: la grande fuga (da se stessi)

"Tutta l'infelicità degli uomini proviene da una cosa sola: dal non saper restare tranquilli in una camera."

(Blaise Pascal)

Il vero motivo per cui non riusciamo a uscire dalla morsa della distrazione è che non è quello che vogliamo. Non ci conviene, non è nel nostro interesse smettere di essere distratti, perché vorrebbe dire rinunciare alla scusa perfetta per non guardare in faccia il vero nemico. Il vero nemico sono **i nostri vuoti, i nostri silenzi**. La nostra mente e quel che può fare quando resta da sola.

È il divertissement che richiama l'ira di Pascal, il "divertimento" visto non nella sua forma giocosa e dunque positiva, ma nella sua accezione latina di spostamento dell'attenzione e allontanamento[11]. Incapace di fronteggiare la propria miseria, l'uomo decide di proteggersi chiudendosi

---

11. Dal latino *devertere*, cioè *"deviare"*, *"allontanarsi"*.

in una gabbia illusoria di distrazioni che non lascia spazio alla riflessione critica. La grande distrazione, la grande fuga da se stessi.

Siamo incapaci di stare senza fare niente. Senza lo smartphone stretto tra le dita, le nostre mani si sentono spoglie e imbarazzate. Per nascondere il nervosismo e ingannare il tempo, una volta ci si mordicchiava le unghie, oggi si scrolla la bacheca di Facebook e si mandano estenuanti messaggi vocali in cui si dice tutto, tranne l'essenziale.

Non sappiamo addormentarci senza guardare almeno un paio di video motivazionali, non siamo capaci di stare su un autobus senza gli auricolari infilati nelle orecchie a zittire il chiasso circostante, non sappiamo più camminare in mezzo a un bosco senza fermarci a fare una foto per condividerla su Instagram. Camminiamo per un'ora per raggiungere una spiaggia isolata e quando finalmente arriviamo, in quel paradiso che trabocca di natura, tiriamo fuori dallo zaino lo stereo portatile e alziamo il volume a palla, come se il canto degli uccelli e il frangersi delle onde non fossero melodia sufficientemente appagante per un corpo che riposa.

Siamo incapaci di stare soli.

La mente è un ausilio prezioso, ma terribilmente ingombrante. La mente è una scimmia che salta da un albero all'altro, che si spinge fino all'ultimo ramo e poi precipita, schiantandosi al suolo, e che dopo essere caduta impara a scavare, a scendere sotto terra e a esplorarne i cunicoli come le talpe.

La società occidentale è avvezza ai segreti della fisica e della quantistica, conosce le finezze del corpo umano e le possibilità che ci appartengono se solo osiamo spingere lo sguardo oltre i confini del cielo, ma è del tutto impreparata di fronte agli abissi della mente.

I parchi delle città sono pieni di pseudo zen che incrociano le gambe facendo finta di inseguire l'illuminazione, dimentichi del fatto che meditare non significa pensare a occhi chiusi all'apericena con le amiche che si terrà di lì a poco, ma osservare la mente, farci amicizia. Significa essere disposti a pagare le conseguenze dell'introspezione.

Perché quando silenziamo le distrazioni, la mente si spalanca come una voragine e guardarla in faccia è impresa non da tutti. Di certo non è impresa da conigli, che, come natura reclama, preferiscono di gran lunga darsela a gambe.

Lo spauracchio del Silenzio Nero

Ninna nanna del povero coniglio

Ninna nanna, ninna oh,
questo povero coniglio a chi lo do?
Lo darò al Silenzio nero che dà voce a ogni pensiero
Lo darò alla Quiete cattiva che lo manda alla deriva
Lo darò al Baubau muto che gli farà penare ogni singolo minuto.

L'Uomo Nero del nuovo millennio si chiama **Silenzio**.

Il silenzio è uno specchio rivelatore e i conigli, per fuggire da loro stessi, lo riempiono con tutto quello che trovano. Non appena si spalanca lo spauracchio della solitudine, si gettano nella mischia, gonfiandosi la bocca di parole e spalancando le orecchie a quelle altrui.

Il coniglio riempie il Grande Vuoto alimentando i flame sui social, parlando *pourparler* e dedicandosi al gossip tossico, ribaltando con meticolosa sapienza i tre setacci della comunicazione socratica[12].

Il coniglio ha bisogno di voci per non pensare e quando non riesce a trovarle allora le crea, tenendo la tv accesa senza guardarla, solo perché "fa compagnia".

Il coniglio parla delle condizioni meteorologiche e delle vacanze a Ibiza, delle ultime serie TV e del calciomercato, si butta a capofitto in conversazioni piatte e superficiali buone per ogni situazione e con qualunque interlocutore, così da ridurre il dispendio energetico al minimo e mettere il **cervello in stand by** fino al momento di andare a letto.

Allontana gli umani, il coniglio, e si circonda di animali, con cui è libero di intavolare innocue comunicazioni a senso unico, perché lo scopo del suo parlare non è interagire, lo scopo è solo *non sentire*. Non sentire i pensieri, i rimproveri autoinflitti, i rimpianti e i sensi di colpa, non sentire l'angoscia di chi sa di avere poco tempo e quel poco che stringe tra le dita lo sperpera come soldi al gratta e vinci. Peccato che il gratta e vinci a cui sta giocando sia la sua stessa vita.

---

12. È attribuita al filosofo greco il cosiddetto "esame dei tre filtri", secondo cui prima di parlare bisognerebbe sempre domandarsi se quello che si sta per dire è vero (filtro della verità), buono (filtro della bontà) e utile (filtro dell'utilità).

CAPITOLO 5

Relazioni al collasso

*"Ho eseguito un gesto irreparabile,
ho stabilito un legame."*

(Jorge Luis Borges)

Il tempo dell'amore

Non so quando è successo, né tantomeno come. So solo che a un certo punto è capitato.

A un certo punto ci siamo convinti che l'amore fosse qualcosa di dovuto, persino di scontato. Qualcosa di semplice, che prima o poi arriva, a patto di essere pazienti e tenere basse le aspettative.

Che una volta create, le amicizie fossero per sempre e che l'intesa di cuore sapesse vincere la distanza, le incomprensioni, le parole sbagliate e quelle più pericolose di tutte: le parole non dette.

Che il legame con i figli, i genitori e i fratelli fossero indistruttibili per il solo fatto di esserci da sempre, che bastasse condividere lo stesso sangue nelle vene e una manciata di ricordi felici per non disperdersi nel vento come sconosciuti qualunque.

Ci siamo convinti, insomma, che le relazioni fossero una sorta di affinità elettive che piovono addosso come i talenti, e che al massimo si trattasse di aggiustare un po' la mira, magari cambiare giro e desideri, ma prima o poi ci si sarebbe incrociati, trovati, stretti e amati, prima o poi sarebbe accaduto.

Non so quando è successo, né tantomeno come. So solo che a forza di darli per scontati **abbiamo svilito i sentimenti**, li abbiamo raggrinziti e raffreddati come corpi nudi in una notte d'inverno.

Ma l'amore è un'arte, diceva Fromm[13], e come tutte le arti implica scelta e impegno. L'amore è un seme conficcato nel terreno che necessita di cure e nutrimento costante per poter germogliare. Necessita di tempo, per uscire dalla terra e puntare dritto verso il cielo.

Peccato che il tempo sia proprio ciò che non abbiamo.

Non abbiamo tempo per conoscere davvero chi ci sta a fianco né per offrire una spalla agli amici durante i loro momenti bui. Non abbiamo tempo per giocare con i nostri figli, per ascoltarli e cercare di comprenderli prima che spicchino il volo e ci sfuggano di mano. Non abbiamo tempo, né l'interesse, di costruire relazioni dense e durature, né di scoprire che potrebbe esserne di noi e della nostra evoluzione se solo forzassimo un po' i paletti della nostra sicurezza.

Non abbiamo tempo per noi, come potremmo averne per l'Amore?

Questa **emorragia di istanti** che non riusciamo a tamponare ha da tempo rotto gli argini e ora dilaga senza controllo in un paesaggio distopico che sembra uscito direttamen-

---

13. Erich Fromm (1900-1980). Sociologo, filosofo e psicanalista tedesco, fu un pensatore a largo raggio che diede importanti contributi sia nell'ambito della psicologia post-freudiana sia a livello politico e sociale. Sostenitore di un socialismo democratico e libertario, auspicava il ritorno a una realtà umanizzata che strappasse l'uomo dallo stato di alienazione a cui lo aveva "condannato" la modernità.

te dalla penna di Cormac McCarthy[14]. Città fantasma dove ci si rincorre online e ci si fugge offline, città desolate dove si gioca, ci si confessa e si flirta sui social chiusi dentro casa con le tapparelle abbassate, mentre fuori, alla luce del sole, i campetti di calcio, le piazze e i nidi d'amore restano vuoti. Per strada, milioni di zombi col tablet in mano, carovane di **cuori marci e atrofizzati** che non sapendo più dare non fanno che divorarsi tra loro. Per strada, milioni di consumatori di **sentimenti mordi e fuggi** che si camminano a fianco senza vedersi, attenti a non sfiorarsi, con gli occhi bassi sguinzagliati intorno in cerca dell'ultima offerta speciale.

Relazioni take away

"Buongiorno, posso aiutarla?"

"Buongiorno, spero proprio di sì! Sto cercando un uomo, può indicarmi cortesemente il reparto?"

"Laggiù, seconda corsia a destra. Se mi dice come lo cerca, però, posso provare a consigliarla."

"Ah, magari! Beh, lo cerco scuro di capelli, non particolarmente alto ma aitante, messo bene insomma… se poi avesse anche un accenno di tartaruga…"

"Prego, mi segua. Abbiamo uno tra gli assortimenti più completi della città, sono certa che troveremo quello che fa per lei. Che ne dice di questo? È il nostro prodotto d'eccellenza. Guardi la perfezione dei dettagli… si avvicini, tocchi con mano."

---

14. Considerato tra i più grandi scrittori contemporanei, è celebre per la scrittura tagliente e i paesaggi desolati e senza speranza che fanno da sfondo ai suoi romanzi. Tra le sue opere più toccanti, la *Trilogia della frontiera* (*Cavalli selvaggi*, *Oltre il confine* e *Città della pianura*).

"Però, che tonicità! Stupendo, senza ombra di dubbio. Certo che il prezzo…"

"Eh, signora, che vuole, la qualità si paga. È la tartaruga che alza il costo, richiede tanta manodopera."

"Sì sì, ci mancherebbe, lo capisco… È che non avevo messo in conto di spendere così tanto, l'ultimo fidanzato l'ho cambiato appena un mese fa… Per caso ha qualcosa di più economico?"

"Se vuole abbiamo questo qui in offerta speciale. Purtroppo è castano chiaro tendente al biondiccio e ha un filo di pancetta, ma le assicuro che per il resto è un ottimo prodotto."

"Beh, devo dire che non è affatto male… e sulla pancetta possiamo sempre lavorarci… Senta, ma la garanzia? Non è che poi mi dura tutta la vita?"

"Scherza, signora? Tutti i nostri prodotti hanno una durata massima di tre mesi. Non siamo mica come il negozio qui a fianco, dove si trovano oggetti garantiti fino a cinque anni."

"Cinque anni? Ommamma, mi viene l'ansia solo a pensarci! Ahahah. Ma sì, va bene questo allora, male che vada lo rimando indietro."

"Ma certo, lei lo prova e se non è soddisfatta la rimborsiamo, oppure può sempre cambiarlo con un cane. Serve un pacchetto regalo?"

"No, non c'è bisogno, se però potesse mettergli in mano una rosa rossa mi farebbe una cortesia. Sa, il romanticismo è duro a morire."

"Come la capisco. Sarà fatto. Può pagare con questo alla cassa e venire a ritirarlo nel pomeriggio."

"Perfetto, la ringrazio. Buona giornata."

"A lei."

Finché noia non ci separi

> *Alice: "Per quanto tempo è per sempre?"*
> *Bianconiglio: "A volte, solo un secondo".*
>
> (Lewis Carrol)

Il passaggio **dalla stabilità alla precarietà** è stato così veloce da passare quasi inosservato. Non è solo il mondo del lavoro ad averne subito i devastanti contraccolpi ma anche le relazioni umane, sempre più liquide e fragili, sempre più evanescenti.

I "per sempre" sono affogati in mezzo agli sbadigli e all'incapacità di mettersi in gioco, la spontaneità e l'improvvisazione hanno ceduto il passo a planning fitti come la nebbia di novembre sulla Pianura Padana, dove occorre farsi largo a gomitate per strappare un ritaglio di tempo e di attenzione. **Amori in giacca e cravatta** dove bisogna prendere appuntamento persino per dichiararsi, amori azzardati, tentati, sfiorati e mai approfonditi. Per ogni fallimento un nuovo giocattolo, per ogni fuga una nuova illusione.

Terrorizzati dalla prospettiva di rapporti-gabbie a lungo termine, ci concediamo timidamente a relazioni brevi e superficiali, pronti a darcela a gambe levate non appena il gioco si fa duro. È la **società liquida e frettolosa** di Bauman[15], la morte dei nostri sentimenti.

Affamati d'amore ma privi del tempo, o forse solo del coraggio, di andarcelo a prendere, ci affidiamo al catalogo dei siti di incontri per riempire il vuoto che avanza. Fuggia-

---

15. Zygmunt Bauman, sociologo e filosofo polacco (1925-2017) particolarmente attento alle storture politiche ed etiche dei nostri tempi. Ha dedicato gli ultimi anni della sua vita allo studio delle conseguenze del passaggio dal modernismo al postmodernismo e dell'avvento della cosiddetta "società liquida".

mo dalle relazioni serie per proteggere la nostra libertà, ma poi abbiamo così paura di restare soli da credere al primo *catfisher*[16] un po' talentuoso che ci attraversi la strada.

Anneghiamo in contratti d'amore e relazioni fittizie, dimentichi di ciò che siamo e sognavamo.

Dietro di noi, lunghe scie di figli veri, figli soli e abbandonati.

Genitori allo sbando

Dopo avere fallito come compagni di vita ci ricicliamo come genitori, ma ancora una volta le aspettative crollano sotto i colpi spietati della realtà.

La luna di miele dura una manciata di notti insonni, svelando che nemmeno l'amore incondizionato si regge da solo, che i figli non sono concetti astratti né tacche da aggiungere alla lista dei traguardi raggiunti, ma corpi in carne e ossa che abbisognano di cura e di attenzioni.

Schiavi del tempo che fugge e costantemente sotto pressione, i genitori postmoderni scordano la pazienza e l'arte di ascoltare i propri figli, di aiutarli a fare i compiti, di rispondere ai loro "perché?", di giocare assieme a loro. Dimenticano ad ogni istante che il tempo sguscia via, se non impari a trattenerlo, e che il fastidio di oggi sarà il rammarico di domani.

Risucchiati da impegni a getto costante e continui desideri di oblio, si affidano a tablet e smartphone per trovare un po' di sollievo, mollando i figli urlanti di fronte a Peppa

---

16. Colui che si finge qualcun altro, di solito una persona inventata, per iniziare online relazioni amorose fittizie a scopo di estorsione o semplice "divertimento".

Pig e agli altri **surrogati tecnologici per bambini trascurati**, che tutto hanno fin dal primo vagito, tranne l'unica cosa che desiderano davvero: i propri genitori.

Stanchi, irritabili e indifferenti, si auto privano di tutte le "prime volte" dei propri figli – i primi passi, il primo dentino, il primo innamoramento – che segnano il passo di ogni essere umano. Tutti quei piccoli, miracolosi momenti che non vedranno, che lasceranno a qualcun altro, che rimpiangeranno, quando guarderanno i giovani estranei che stanno loro davanti ricercando nei loro lineamenti le tracce dei bambini che sono stati.

Gli stessi bambini che un tempo avrebbero dato chissà cosa per un briciolo di attenzione, che avrebbero fatto carte false per uno sguardo colmo d'amore.

Lettera a un papà inesistente

Caro Babbo Natale, quest'anno sono stato buono, sono certo che lo hai notato.

Sì, lo so che lo dico sempre, ma stavolta è proprio vero!

Ho sempre fatto i compiti, anche quelli di matematica, e non ho mai detto bugie, tranne quella volta che ho rovesciato il succo di arancia sul telefono di papà e poi ho dato la colpa a Tobia. Lui, che è un vero amico, non mi ha tradito e si è limitato a scodinzolare.

Sono stato gentile con tutti, compresa la zia Lucia, anche se le puzza l'alito e quando mi bacia mi lascia tutta la saliva sulla guancia. Ah, ho sempre finito di mangiare tutto quello che c'era nel piatto, persino i broccoli! Insomma, davvero non penso che posso fare di più.

Quindi credo proprio di meritarmi un premio, tu cosa ne pensi?

Non parlo della nuova bicicletta, per quella posso aspettare anche il mio compleanno, tanto fuori ora fa freddo. Rinuncio anche al Lego, tanto lo regalano a Carmelo e ha detto che posso costruirlo assieme a lui.

Tieniti pure tutti i regali che pensavi di farmi, anzi già che ci siamo ti restituisco anche quelli dell'anno scorso, visto che erano tantissimi e non sono riuscito a giocare con tutti.

Quest'anno voglio solo un regalo: il mio papà.

Per favore, Babbo Natale, regalami un giorno intero con il mio papà.

Buca le ruote della sua macchina, così non può andare al lavoro e fai venire un grande cortocircuito, così non funziona la tv e non si mette a guardare la partita. E magari, intanto che ci sei, fa' anche piovere, così non può fare nemmeno un giro in moto e allora forse si annoia e se si annoia magari decide di stare con me!

Grazie Babbo Natale, sono certo che mi aiuterai.

Se mi fai questo regalo, prometto solennemente che da domani mangio anche le erbette!

Il tuo amico e grande ammiratore, Luca

I vampiri del tempo

Se non avere tempo per chi si ama è già di per sé piuttosto tragico, scoprire che il tempo manca perché lo regaliamo a chi non lo merita è decisamente surreale.

Non è vero che non abbiamo tempo, è solo che non abbiamo imparato a gestirlo e a indirizzarlo là dove desideriamo davvero.

Sprechiamo una gigantesca quantità di ore dietro ad attività che non vogliamo fare e a persone con cui non vogliamo stare. E quel che non facciamo da soli, lo fanno gli altri.

Siamo circondati da **vampiri del tempo** che agiscono alla luce del giorno indisturbati, rassicurati dal nostro tacito avvallo. Centralinisti insistenti, venditori porta a porta, clienti cui si concede un dito e che si prendono un braccio, colleghi dispersivi che ci trascinano con sé nella propria voragine di inettitudine.

Facciamo fatica a dire "no" per paura di essere maleducati ma dimentichiamo che ogni "no" non pronunciato è una goccia nel mare di frustrazione che ci scorre nelle vene e che prima o poi tracimerà.

I vampiri si aggirano con i canini ben nascosti, sicuri di non dare nell'occhio. Sfruttano il tuo buon cuore per affondarti i denti nel collo e succhiare via ogni briciolo di energia. Si nutrono di te e della tua pazienza e in cambio ti lasciano in dote una stanchezza atavica e uno strato di malessere denso come la notte.

I **vampiri energetici** non domandano permesso, invadono il tuo spazio e si appropriano del tuo tempo, sputano veleno e pessimismo, dolori e malattie, senza mai chiederti come stai, perché quello che gli interessa non è avere un amico con cui condividere la vita ma un bidone capiente dove vomitare a getto continuo la propria spazzatura.

Continui a dirti: questa è l'ultima volta, da domani non rispondo al telefono, ignoro i colpi alla porta, mi fingo morto. Ma ogni mattina ti osservi allo specchio e i due forellini al lato del collo sono ancora lì in bella mostra, nello stesso punto dove li avevi lasciati la sera prima e quella prima ancora.

E allora l'unica soluzione che trovi è chiudere i battenti, dire amici miei, io ci ho provato, ma il mio corpo non regge più, la mia mente non regge più. Ti lascio, mondo, tu e le tue follie. Io mi ritiro nel mio tugurio aggrappandomi all'unica àncora di salvezza che mi è rimasta: la mia indifferenza.

Il karma dell'indifferenza

"Gli uomini costruiscono troppi muri e mai abbastanza ponti."

(Isaac Newton)

Nell'era del **voyeurismo digitale** viviamo perennemente connessi in un pericoloso gioco di spionaggio reciproco, solo in parte consapevole. Viviamo con gli occhi incollati alle vite altrui e in cambio offriamo la nostra esistenza su un piatto d'argento.

Piedi, sederi, bocche arricciate in bella mostra, pose studiate e provocanti. Noi al mare, al lavoro, noi dentro il bagno e sotto le lenzuola; i nostri partner, i nostri figli, i nostri gatti, le nostre case messi in piazza alla mercé di sguardi voraci e del tutto indifferenti. I dolori, le miserie umane, i surrogati di vite perfette sbattuti in faccia senza eleganza, vite gettate in pasto agli squali in piena coscienza, per poi scandalizzarsi quando si scopre che lassù, tra cookie e violazione dei dati personali, qualcuno ci sta manipolando.

Benvenuti, finti innocenti, nell'era dell'esibizionismo esasperato e dell'**obnubilamento tecnologico**.

Siamo connessi 24 ore su 24 – con la famiglia, gli amici, i colleghi, il gruppo dello yoga e del nordic walking. Siamo pieni zeppi di amici virtuali che ci chiamano "tesoro" e ci dicono "io per te ci sono sempre" ma poi, quando arriva sera, ci ritroviamo soli nel nostro appartamento con i nostri dolori da tamponare. Abbiamo migliaia di follower e cuoricini sotto i post, ma quando moriamo, moriamo soli.

Questa però non è sfortuna, non è ingiustizia.

Tu che rimproveri gli altri di non avere tempo per te, quanto tempo doni a loro?

Tu che dici che il mondo ormai è tutto uno schifo, perché ognuno guarda solo al proprio orticello, quante volte allunghi la tua mano per aiutare gli altri?

La mancanza di tempo si è miscelata al **menefreghismo** e ci ha isolati nel nostro piccolo, misero mondo fatto di **solitudine, cinismo e indifferenza**.

Qualcuno di saggio un giorno ha detto "non avere paura dell'altro, perché anche tu sei l'altro di qualcun altro"[17].

Perciò, tu chiamala ingiustizia, se vuoi.

Io lo chiamo karma.

---

17. La frase è dello scrittore Andrea Camilleri, recentemente scomparso.

CAPITOLO 6

Filosofia della lentezza

"La domanda fondamentale è infatti: qual è lo scopo della vita?
Diventare più umani o produrre di più?"

(Erich Fromm)

Destinazione Vita

... Poi d'improvviso la corsa si arresta, la scena si allarga e mostra una folla indistinta di minuscoli esseri zampettanti vestiti di tutto punto, la cravatta che penzola dal collo, la ventiquattrore a tracolla, lo smartphone stretto tra le dita uncinate. Sono immobili, uno appiccicato all'altro, gli occhi senza espressione incollati davanti a sé in attesa di qualcosa. Pochi secondi e quel "qualcosa" arriva e ha la forma gelida di una metropolitana. Il carico che trasporta lo si intuisce ancor prima di vederlo attraverso i vetri: vagoni di esseri sconfitti stipati come sardine. Carne da macello. Attorno, cartelloni pubblicitari che inneggiano alla felicità e tabelloni su cui scorre incessante la destinazione del treno: Nowhere. In nessun luogo.

I portelloni si aprono e la folla indistinta sputa faticosamente fuori un topolino, che viene subito sostituito da un altro, del tutto identico a lui, in attesa sulla banchina. Uno fuori, l'altro dentro, sul muso la stessa espressione vuota. Le porte si richiudono, il treno riparte. Destinazione Nowhere...

Sulla banchina, i topolini che non sono riusciti a salire sul treno restano in attesa. Immobili, uno appiccicato all'altro, gli occhi senza espressione incollati davanti a sé.

Nel quadro congelato, due orecchie si muovono impercettibilmente, seguiti, appena più sotto, da un paio di baffi che cominciano a vibrare piano nell'aria.

Le orecchie e i baffi appartengono a un piccolo topolino del tutto simile agli altri. Stessa cravatta, stesso completo, stessa valigetta di pelle. Non lo distingueresti tra la folla, se non fosse per un dettaglio. **I suoi occhi sono diversi**, anziché guardare fissi verso i binari, ruotano attorno. Si posano sui topolini accanto, li scorrono dall'alto in basso, si soffermano sui particolari. I baffi tremano nell'aria immobile.

La testa del topolino ora ruota di lato e gli occhi si spingono a guardare indietro. Dietro le proprie spalle e quelle dei compagni di destino, e poi ancora più dietro, verso il corridoio, e ancora oltre, verso le scale. I baffi fremono decisi nell'aria pesante.

La piccola testa pelosa ruota di nuovo verso la banchina e di nuovo si ferma. Questa volta i baffi fendono l'aria come fruste. Pare quasi di sentirne il sibilo.

È allora che le zampe si muovono. È allora che il piccolo corpo comincia a farsi largo tra la folla. È allora che il topolino faticosamente si crea un varco e ci si fionda dentro. È allora che, mentre zampetta verso l'uscita, si sfila la giacca, si toglie la cravatta, getta la valigetta nel cestino dei rifiuti. È allora che comincia a salire le scale. Con tutta la lentezza che riesce a imporsi.

Dietro di lui il fischio della metropolitana in arrivo, davanti a sé l'uscita. Davanti a sé la vita.

Achtung, ultima chiamata

Non credere a chi ti dice che è troppo tardi. Che tanto vinceranno comunque "loro". Che siamo un granello di sabbia, una goccia in mezzo al mare, uno sputo sulla faccia di un Sistema Padrone che tutto ha già deciso.

Non credere a chi ti dice che è così che va il mondo, che i sogni sono per gli ingenui e i ragazzini, che crescere significa mettere da parte i desideri e rinunciare a sperare. Che la vita è lavoro, rinuncia e sacrificio e che per vivere bene è necessario avere le gambe veloci e la mente vuota, piegare la testa, abbassare la voce, costruirsi una corazza di cinismo per proteggersi dalle schifezze del mondo.

Non credere a chi ti dice che non c'è più speranza.

Ma non credere nemmeno a chi ti dice che va bene così. Che puoi rimandare la decisione a domani e poi a dopodomani e poi al giorno dopo ancora. Che tanto c'è tempo e forse la situazione non è nemmeno così grave come pensi. Che prima o poi ci si fa il callo e che quel magone che senti mentre fissi il soffitto alle tre di notte è un inganno, un'esagerazione, il prodotto di un piccolo momento di sconforto. Che non c'è stortura che non possa essere raddrizzata da qualche bicchiere di whiskey, non c'è dolore che non possa essere sedato da un intreccio di corpi nudi e sconosciuti.

Non credere a chi ti dice che è normale non avere più sogni, rispondere "si va avanti" a chi ti chiede come stai. Quel nodo alla gola non passerà e se riuscirai a tenerlo a bada sarà solo perché il tempo ti avrà anestetizzato, perché non sentirai più nulla, perché sarai morto.

Puoi ancora cambiare le cose. Puoi ancora scendere dalla ruota del criceto e costruirti una vita più umana e in linea con quello che sei. Ma devi farlo subito. Non domani, oggi.

Il countdown è cominciato, la miccia è quasi del tutto consumata. Questa è l'ultima chiamata.

Per te, per me, per tutte le creature che popolano la Terra. E per questo Pianeta martoriato, dalla cui vita dipende la nostra stessa sopravvivenza.

Le vittime del nostro scontento

"L'uomo è la specie più folle: venera un Dio invisibile e distrugge una Natura visibile.
Senza rendersi conto che la Natura che sta distruggendo è quel Dio che sta venerando."

(HUBERT REEVES)

Estate 2019. Proprio mentre scrivo, la Groenlandia sta perdendo i pezzi, la Siberia sta andando a fuoco e una fetta gigantesca del più grande polmone verde del Pianeta è ormai cenere che volteggia nell'aria oscurando il sole. Il disastro paventato per i decenni a venire è già realtà, sta intossicando i nostri polmoni *adesso*, sta uccidendo i nostri animali *adesso*, sta esaurendo le nostre risorse *adesso*.

Gli **eco-assassini** se ne vanno in giro indisturbati in giacca e cravatta col sorriso sulle labbra, protetti dagli interessi dei Grandi Distruttori. Si credono potenti eppure sono schiavi come tutti noi di questa follia collettiva che si chiama mercato, una follia che ignora le leggi dell'universo e insegue quelle del puro profitto.

Il **dio denaro** è stato messo su un piedistallo smaltato d'oro e sangue e tutto gli è stato sacrificato: i ritmi della Natura, le leggi della Terra, la vita delle creature che la abitano, noi tra le altre mille.

Abbiamo rinunciato alla nostra libertà e ai nostri valori ancestrali per chiuderci dentro la gabbia di una società cieca e crudele, che genera figli geneticamente modificati e poi se ne ciba, dimenticandosi che l'uomo è il cibo che mangia e le azioni che compie, che quel che è fuori è dentro e quel che è dentro è fuori[18].

Ammalando la Terra, abbiamo ammalato noi stessi. Intossicati da alimenti innaturali gonfi di ormoni, zuccheri e pesticidi, trabocchiamo di allergie e bruciamo di infiammazioni perenni. Abbiamo sterminato ecosistemi millenari per lasciare il posto a coltivazioni forzate, manipolate e temporanee, dimenticandoci che le voglie dell'uomo mutano molto più in fretta di quanto la Terra sappia rigenerarsi.

E dove non arriva il cibo, arriva lo **stress**.

Un corpo sotto pressione, che corre sempre e non riposa abbastanza, non può che ammalarsi.

Un **corpo isolato, insensibile e sordo**, che non dona e non riceve amore, non può che ammalarsi.

Questa folle corsa verso l'iper produzione e la competizione esasperata sta lasciando lunghe scie di cadaveri lungo la via. In cima alla lista, come sempre loro: i diversamente resistenti.

---

18. L'Autore si richiama al secondo punto della *Tavola di Smeraldo* di Ermete Trismegisto: "Ciò che è in basso è come ciò che è in alto, e ciò che è in alto è come ciò che è in basso, per fare il miracolo di una cosa sola".

Le nuove leggi razziali

Le leggi razziali sono ancora tra noi.

Hanno il volto degli anziani dimenticati, derisi e umiliati, che lasciamo morire da soli senza un volto amato che li accompagni durante il Grande Passaggio.

Hanno il volto dei bambini maltrattati, violati, amati nei ritagli di tempo, che non ascoltiamo, che costringiamo a crescere troppo in fretta.

Hanno il volto dei disabili, di quelli che vanno piano, che procedono a fatica, che procedono incompleti, che imbarazzano e intralciano la strada ai frettolosi.

Degli omosessuali, dei transgender, delle prostitute, di chi paventa il sesso e lo vive come una malattia da consegnare al buio della propria stanza.

Degli immigrati, dei rifugiati, dei diversamente colorati. Di chi è fuggito dalle bombe e dalle carestie, di chi ha mollato tutto sull'altra sponda del mondo per gettarsi in pasto ai pescecani.

Di chi ha perso il lavoro, la casa, la famiglia, il sorriso e la speranza. Di chi ha perso tutto.

Di chi è stato messo al rogo, di chi è stato messo al bando, condannato e giudicato, di chi è stato privato di ogni dignità.

Di tutti i gigli, insomma, di tutti i figli, vittime di questo mondo[19].

---

19. Il riferimento è alla frase conclusiva della canzone *La città vecchia*, di Fabrizio De André.

Il Viaggio (lento) dell'Eroe

La malattia dell'umanità è entrata nel suo stadio terminale. Siamo passeggeri di una macchina lanciata a tutta velocità verso una strada senza uscita, che punta dritta verso il baratro. Non esistono vie di mezzo, o saltiamo fuori o ci schiantiamo in fondo al burrone, rottami tra i rottami.

Non puoi più permetterti di non scegliere, di lasciar fare al destino, di vedere come va e cosa fanno gli altri. Devi capire cosa vuoi fare *tu* della tua vita, **devi scegliere se vivere o morire**.

Se stai leggendo questo libro è perché una parte di te sa perfettamente che non esistono alternative, eppure quello sportello non riesci ad aprirlo. Che cosa ti trattiene?

Te lo dico io: la **paura di essere tagliato fuori**.

Ci hanno insegnato che chi rallenta è destinato a restare indietro. Che in un mondo che macina veloce solo le lepri hanno la possibilità di sopravvivere, mentre le tartarughe sono belle e spacciate. Ci hanno ripetuto fin da piccoli che chi non tiene il passo è sbagliato, è l'anello debole della catena, l'errore del sistema che va curato o almeno arginato. Deriso. Fatto sentire un peso.

È arrivato il momento di capire che non è così. È arrivato il momento di capire che ci hanno raccontato una balla, probabilmente la più grossa di tutta la nostra vita.

Chi rallenta non resta affatto indietro. **Chi rallenta ritrova la sua essenza** e chi è consapevole della sua essenza va dritto verso la realizzazione dei propri obiettivi.

Chi è lento non è difettoso, non ha qualcosa che non va. Chi è lento ha avuto l'onore di entrare in contatto con la parte migliore di sé e ora è pronto a mostrarla al mondo.

Ma forse non è l'essere tagliato fuori a farti davvero paura, forse a congelare la tua mano su quella portiera è una paura molto più atavica: quella della solitudine. **Hai paura di restare solo**. Non è così?

Questa volta non posso dirti che è una bugia. Perché sì, sarai solo, solo come non mai, almeno per un po'. Ci sarà un momento in cui gli altri ti eviteranno, ti derideranno, forse ti insulteranno persino, scaricandoti addosso la loro invidia e frustrazione sotto forma di gelide ondate di rabbia.

L'allontanamento dal mondo conosciuto è un passaggio obbligato di ogni Viaggio dell'Eroe, un ponte di transizione e trasformazione da percorrere prima di avere accesso al nuovo mondo.

I passaggi sono sempre dolorosi ma in cuor tuo lo sai che senza sofferenza non c'è crescita, senza travaglio non può esserci evoluzione. Perciò sii pronto ad accogliere la solitudine che arriverà e poi a lasciarla andare. Perderai tanti compagni di viaggio ma ne troverai altrettanti lungo la strada e di certo saranno più in linea con quello che sei diventato.

Taglia i rami secchi e annaffia i nuovi boccioli. Concediti il lusso di vivere come meriti, concediti il lusso di essere lento.

Il lusso della lentezza

In un mondo fagocitato da un'accelerazione sociale spasmodica e disumanizzante la salvezza non può che chiamarsi lentezza.

Dobbiamo capire che la vera ricchezza non è il denaro che accumuliamo e convertiamo in fugaci miraggi di felicità ma il tempo che ci resta in tasca a fine giornata. E che **l'unico modo di guadagnare tempo è viverlo pienamente**, con tutta la lentezza che merita.

Sembra un paradosso ma se ci pensi invece è quasi ovvio. Procedere col piede sull'acceleratore non fa vivere più a lungo e nemmeno in modo più denso. Al contrario, lascia gioco alle distrazioni, che invadono la mente e la disperdono dentro nuvole di pensieri confusi e inconcludenti.

Vivere lentamente ti aiuterà a eliminare le distrazioni, o almeno a ridurle al minimo sindacabile, e a togliere attenzione ai Grandi Distrattori (passato e futuro) per concentrarla sul Grande Creatore: il momento presente.

La lentezza non è perdita di tempo, ma consapevolezza. Perciò rallenta.

Rallenta per avere più tempo tra le mani e decidere in piena libertà come e con chi usarlo. Per vivere secondo i tuoi ritmi, non quello degli altri o della società. Per darti il riconoscimento e l'amore che meriti senza doverlo andare a elemosinare dagli altri. Per concederti il lusso di sbagliare, di cadere, di cambiare mille volte idea e avvicinarti sempre di più al tuo personale concetto di felicità.

Rallenta per avere più tempo per le persone che contano davvero. Per ascoltarle e provare a capirle, senza giudicarle o cercare di cambiarle. Per coglierne le sfumature e le fragilità, le parole non dette e i dolori sotto pelle. Per donare loro la tua presenza silenziosa e accogliente che non dispensa consigli ma calore e compassione.

Rallenta per riconnetterti alla Natura e riscoprirne il potere taumaturgico. Per respirare piano e riempire i polmoni dell'aria umida del bosco, per sederti su un sasso e fare lunghi bagni di luna, per scioglierti nel mare e farti cullare dal suo ventre materno.

Rallenta per conoscere quello che metti in bocca, per mangiare cibo vivo e adatto al tuo corpo, per informarti e imparare a scegliere alimenti sani, cresciuti con amore nel rispetto dell'ambiente, delle stagioni e dei tempi naturali.

Rallenta per conoscere i luoghi che visiti, per viverli davvero e non attraversarli solamente, per entrare in contatto con la loro cultura, quella visibile e quella taciuta. Per intrecciarti con le anime che li abitano e cogliere gli insegnamenti che ogni incontro porta con sé. Per accrescerti in ciò che è diverso, che non conosci, che non capisci, per capire che è quando si supera la paura che si comincia a vivere sul serio.

Rallenta per ricordarti chi sei e da dove vieni, per riscoprire le tue radici e i valori della tua terra. Per sentire sulla pelle le connessioni e il fluire dell'energia e non dimenticare mai, nemmeno per un istante, che siamo un'unica entità – noi e la Natura, noi e gli altri – il cui linguaggio passa attraverso le pareti del cuore ancor prima che dalla bocca.

Rallenta per tornare a meravigliarti, per ridere e giocare come facevi da bambino, per rotolarti nel fango e sguazzare nelle pozzanghere. Per riscoprire i dettagli e il piacere delle piccole cose, per cogliere la poesia nascosta nell'imperfezione e ricordarti che non esistono errori, ma solo esperienze, traghetti verso una versione migliore di sé.

Rallenta per smettere di sopravvivere e cominciare a vivere. E riprendere finalmente in mano queste benedette redini che hai ceduto così tanto tempo fa da essertene quasi dimenticato.

Fino ad ora abbiamo guardato in faccia la nostra vita. L'abbiamo soppesata, ne abbiamo preso coscienza, ne abbiamo osservato i limiti e individuato i punti di miglioramento.

Ma anche la presa di consapevolezza più profonda diventa niente, se priva di azione. Se vogliamo che abbia un impatto sulla realtà, **dobbiamo agire**.

Le prossime pagine ti aiuteranno a riprendere confidenza con alcune cose importanti della vita che potresti avere dimenticato, o dato per scontato così a lungo da non riuscire più a vederle.

Non aspettarti ricette, però, vie "definitive" o decaloghi da seguire meticolosamente per arrivare alla meta. Tutto quello che troverai nei prossimi capitoli sono **spunti di riflessione** *per vedere, o rivedere di nuovo, le cose da un altro punto di vista.*

Solo un'avvertenza, prima che tu prosegua con la lettura. **Non avere fretta** *nel tuo percorso, qualunque esso sia. Sarebbe un paradosso. Ricorda che la fretta è sempre la malattia, mai la cura.*

Procedi per piccoli passi. Rimani all'erta, consapevole di te, di chi ti circonda, di quello che fai e di come lo fai. Spalanca gli occhi, aguzza le orecchie e attiva i sensori interni del corpo. Lui sa sempre cosa è meglio per te.

CAPITOLO 7

Un lavoro a misura d'uomo

12 Agosto 1986

Caro John,

grazie per la bella lettera. Non credo faccia male, a volte, ricordare da dove si viene. Tu sai i posti da dove vengo io. Neanche le persone che provano a scriverne o a farci film riescono a rendere l'idea. Lo chiamano dalle "9 alle 17". Ma non è mai dalle 9 alle 17. Non c'è pausa pranzo in quei luoghi perché molti tra quelli che ci lavorano, per poter mantenere il lavoro, non pranzano affatto. Poi c'è lo straordinario, che i registri non segnano mai, e se ti lamenti c'è subito un altro sfigato come te a prendere il tuo posto.

Tu conosci il mio vecchio detto: "La schiavitù non è mai stata abolita, è stata solo estesa a tutti i colori di pelle".

E quello che fa male è vedere la continua perdita di umanità in coloro che lottano per tenere posti di lavoro che non vogliono, perché hanno troppa paura che l'alternativa sia peggiore. Le persone semplicemente si svuotano. Sono corpi pieni di paure e menti obbedienti. I loro occhi non hanno colore. La voce diventa sgradevole. E così il loro corpo. I capelli. Le unghie. Le scarpe. Ogni cosa lo diventa.

Da giovane non potevo credere che le persone potessero offrire la loro vita in cambio di quelle condizioni. Non riesco a crederci nemmeno adesso che sono vecchio. Per cosa lo fanno? Sesso? TV? Un'auto da pagare a rate? Figli? Figli che faranno esattamente le stesse cose che hanno fatto loro?

Tempo fa, quando ero giovane e passavo da un lavoro all'altro, ero abbastanza folle da dire ai miei colleghi: "Hey, lo sapete che il capo può venire qui e licenziarci tutti da un momento all'altro? Proprio così, ve ne rendete conto?"

Loro mi guardavano e basta. Ero un pensiero che non volevano entrasse nella loro testa.

Oggi nelle fabbriche ci sono tanti licenziamenti (chiusura di centri siderurgici, innovazioni tecnologiche), vengono licenziati centinaia di migliaia di lavoratori e le loro facce sono sconvolte:

"Ci ho dedicato 35 anni della mia vita…"

"Non è giusto…"

"Non so cosa fare…"

La verità è che non pagano mai abbastanza gli schiavi perché si rendano liberi, li pagano il giusto per farli sopravvivere e farli ritornare a lavorare il giorno successivo. Io riuscivo a vedere tutto questo. Perché loro no? Avevo capito che la panchina del parco o il bancone di un bar potesse già andare bene per me. Perché non andarci subito? Perché aspettare di essere licenziati?

È stato un sollievo enorme uscire da quel sistema di merda. E ora che sono qui, un cosiddetto scrittore professionista, dopo aver buttato i primi cinquant'anni della mia vita, mi rendo conto ancora di più di quanto tutto questo sia stato disgustoso.

Ricordo che una volta, lavorando in un'azienda di lampadari, un collega esclamò: "Non sarò mai libero!"

Uno dei capi passando di lì (si chiamava Morrie) si lasciò sfuggire una risata, godendo del fatto che quell'uomo era intrappolato per tutta la sua vita.

*Ho avuto la fortuna di uscire da questi posti, non importa quanto ci
è voluto, mi ha dato una grande gioia, è stato quasi un miracolo. Ora
scrivo con una mente vecchia in un corpo vecchio, ben oltre il tempo in
cui gli uomini pensano di poter ancora scrivere. Ma poiché ho iniziato
tardi, lo devo a me stesso, devo continuare. E quando la parola inizierà
a vacillare e dovrò essere aiutato a salire le scale, quando non saprò
più distinguere un uccello azzurro[20] da una graffetta, so che dentro di
me qualcosa si ricorderà di come ho fatto a uscire da questo inferno,
per avere almeno una morte dignitosa.*

*Ne è valsa la pena non aver sprecato del tutto la mia vita, mi sembra
un bel successo.*

Il tuo ragazzo

Hank

Il coraggio di vivere la propria vita

Tutti conoscono Henry Charles "Hank" **Bukowski** ma pochi l'uomo che ne rese famoso il nome in tutto il mondo,
strappandolo per sempre al grigiore di un ufficio postale di
Los Angeles. Si chiamava John Martin ed era un sognatore.

Sul finire degli anni Cinquanta, mentre sfogliava una
delle tante riviste di letteratura underground che circolava-
no in città, Martin si imbatté per puro "caso" nelle poesie
di un uomo talentuoso e sconosciuto. In tutta la sua vita
non aveva mai visto spreco più grande di quei versi rivoluzionari sacrificati tra le pagine di un piccolo magazine
destinato all'evanescenza: chi mai li avrebbe letti?

---

20. "Blue bird" è il titolo di una poesia di Bukowski pubblicata per la
prima volta nella raccolta *The last night of the Earth Poems*.

Fu così che, con l'aiuto della moglie, decise di creare una casa editrice al solo scopo di pubblicare le opere di quello che considerava "il nuovo Walt Whitman". Si autofinanziò vendendo la sua preziosa collezione di opere prime di D.H. Lawrence e coi soldi ricavati fondò la Black Sparrow Press[21], nome destinato a diventare una leggenda nel panorama letterario "alternativo" americano.

Un progetto decisamente folle, il suo, cui seguì una proposta altrettanto bizzarra. Martin offrì a Bukowski 100 dollari al mese in cambio del suo talento. Per tutta la vita. Un azzardo che l'aspirante scrittore non esitò ad accettare. "Avevo solo due alternative" avrebbe più tardi raccontato, "restare all'ufficio postale e impazzire... o andarmene e giocare a fare lo scrittore e morire di fame. Decisi di morire di fame."

Quasi vent'anni dopo, Bukowski scrisse all'editore questa lettera per ringraziarlo di averlo aiutato a uscire dall'inferno "9-17", che poi 9-17 non è davvero mai. E per sottolineare un concetto molto importante che aveva imparato sulla propria pelle: è possibile svincolarsi da quel sistema malato e vivere secondo altre regole. Non solo è possibile, è anche doveroso. Non importa quanti anni hai (lui aveva quasi mezzo secolo quando accettò la proposta di Martin), né quale sogno insegui: non è mai troppo tardi per ricominciare. **Non è mai troppo tardi per smettere di sprecare la propria vita.**

Qualcuno dirà: sì, ma Bukowski è stato fortunato. Facile così. Avessi un'occasione del genere mi licenzierei anche io, stravolgerei anche io la mia vita.

---

21. Tra i celebri nomi pubblicati spiccano anche quelli di John Fante e Paul Bowles. Nel 2002 Martin si ritirò dagli affari, vendendo i diritti dei suoi migliori autori, tra cui Bukowski, al distributore Harper-Collins e il resto a David R. Godine, un piccolo editore, ora noto come Black Sparrow Books.

Davvero? Ne sei sicuro? Perché le strade sono piene di persone che amano lamentarsi ma poi non muovono un dito per cambiare la propria situazione. Per prima cosa, quindi, domandati se è vero che saresti disposto a gettare via la tua infelicità per ricominciare da capo.

La vita è zeppa di treni che passano una volta sola ma scarna di passeggeri che decidono di saltarci sopra. Quello che differenzia la storia di Bukowski da quella di tanti altri è che lui quella "fortuna" l'ha colta. Gli è stata offerta un'occasione e lui l'ha presa al volo e l'ha usata come trampolino per iniziare a vivere la vita che desiderava lontano dalla monotonia di un lavoro che odiava. Una vita imperfetta, ma con l'impareggiabile pregio di essere **una vita vissuta fino in fondo**. Che in mezzo ai cumuli di esistenze sprecate da cui siamo circondati è già un gran bel successo.

Quindi no, Bukowski non è stato fortunato, **è stato coraggioso**. Si è licenziato e facendolo si è assunto un rischio ben preciso. Ha scelto di non accontentarsi. **Ha smesso di sopravvivere e ha cominciato a vivere**. Perciò non sminuire il coraggio chiamandolo "fortuna". Non è la fortuna a fare di noi quel che siamo ma le nostre scelte.

Non sto dicendo che ci debba essere per forza qualcosa di sbagliato nella tua vita. Magari sei pienamente soddisfatto di quello che fai e in questo caso cambiare non avrebbe alcun senso, anzi sarebbe una follia. Se il tuo lavoro ti piace e sei felice a fare quello che stai facendo là dove lo stai facendo, va benissimo così. Non c'è nulla di male, anzi, è un grande dono di cui devi prendere coscienza. Goditi questo privilegio, ringrazia ogni mattina per esso e non darlo mai per scontato.

Se però quello che fai non ti piace, se la tua vita non ti soddisfa, se le persone che ti stanno vicino non ti fanno stare bene, hai non solo il diritto ma anche il dovere morale di cambiarli. Lo devi a te stesso.

Prima di inseguire quello che vuoi, devi però prendere coscienza di quello che NON vuoi. Ogni grande cambiamento parte infatti da una presa di consapevolezza. E da questa partiamo anche noi.

Primo passo: la presa di consapevolezza

> *"Come cazzo è possibile che ad un uomo piaccia essere svegliato alle 6.30 da una sveglia, scivolare fuori dal letto, vestirsi, mangiare a forza, cagare, pisciare, lavarsi i denti e pettinarsi, poi combattere contro il traffico per finire in un posto dove essenzialmente fai un sacco di soldi per qualcun altro e ti viene chiesto di essere grato per l'opportunità di farlo?"*
>
> (Charles Bukowski)

La ragione per cui il mondo è pieno di persone infelici è che la maggior parte di loro non sa di esserlo. Magari il pensiero le sfiora, ma lo scacciano subito, mica sono più dei ragazzini che possono permettersi di lamentarsi. La vita ha la stessa consistenza dell'infelicità e prima lo capisci e meglio è per te.

Veniamo al mondo liberi ma la nostra libertà dura poco, troppo pericolosa, troppo destabilizzante per una società appesa a fragili equilibri. Siamo ancora dei bambini quando cominciamo a navigare dentro sovrastrutture sociali che ci entrano pian piano sotto pelle, plasmando i nostri pensieri e le nostre decisioni, gabbie mentali che ci trasciniamo dietro per tutta la vita senza mai metterle in discussione, spesso senza nemmeno riuscire a vederle.

Nasci-studia-trova un lavoro sicuro-sposati-fai figli-paga il mutuo-lavora-consuma-lavora-lavora-LAVORA-muori.

Intuiamo che questa è una follia, che c'è qualcosa di malsano in questa corsa spasmodica che non lascia tempo al tempo, che non lascia spazio all'amore. Lo intuiamo ma lo accettiamo, perché questo è ciò che fanno tutti. Il fatto però che una follia sia condivisa non la rende meno folle, il fatto che lo facciano tutti non significa che sia giusto. Che sia sano. Che sia normale.

Prima di potersi liberare da una vita che non vogliamo, occorre dunque **riconoscere le sovrastrutture mentali e culturali** che ci condizionano e capire che viviamo gran parte della nostra vita secondo schemi che non abbiamo scelto. Qualcuno ha la fortuna di scoprirlo presto e di prenderne atto senza troppi traumi, mentre per altri è un processo di consapevolezza lento e doloroso che coinvolge non solo la società come entità astratta ma anche il mondo attorno, i colleghi, le persone care. Quante volte facciamo delle scelte solo per accontentare qualcun altro? I nostri genitori, il partner, gli amici? Quante volte ignoriamo i nostri desideri, le nostre pulsioni e intuizioni solo per non vedere la delusione negli occhi di chi ci ama, per non sentire i loro rimproveri, i loro giudizi?

Impara a **distinguere ciò che vogliono gli altri da quello che vuoi tu**. Realizzare per quanto tempo sei riuscito a ingannarti vivendo una vita non tua potrebbe essere uno shock. Ma questo non è un male, quanto piuttosto una benedizione, perché lo shock è il varco necessario per accedere al secondo atto del processo di svincolamento dal vecchio mondo: la ribellione.

Secondo passo: la ribellione

Ricordati di una cosa: **la fortuna non esiste, esistono solo gli atti di coraggio**. Esiste solo sporcarsi le mani, agire, creare nuove condizioni. Nessuno può farlo al tuo posto, la vita è la tua, sei tu che devi plasmarla.

La legge dell'attrazione, così com'è stata raccontata dalla faciloneria new age, è una balla bella e buona. Non è sedendoti e chiudendo gli occhi che otterrai quello che vuoi. Non è pregando che troverai un lavoro migliore. Non è pensando positivo che cambierai il corso delle cose.

Se vuoi creare un cambiamento, devi agire. Devi ribellarti a quello che non vuoi. Devi creare le condizioni perché il cambiamento possa prima attecchire e infine germogliare.

Se sai quello che vuoi è molto probabile che l'Universo congiurerà per aiutarti, ma tu devi alzarti da quella maledetta sedia dove ti auto compiangi da secoli blaterando sulla tua "sfortuna", devi uscire dal bozzolo in cui ti sei rinchiuso per non correre il rischio di fallire, devi affacciarti di nuovo al mondo, metterti in cammino, andarti a prendere quello che vuoi.

Non importa quale sia il tuo sogno, il mondo è abbastanza grande e sufficientemente fantasioso per dare voce a tutti.

Sarà semplice ricominciare? No, è probabile che non lo sarà. Tra la ribellione e il cambiamento vero e proprio si spalanca in genere un periodo di transizione, la cui durata e difficoltà variano a seconda della persona, del suo carattere, dei suoi trascorsi e delle risorse che ha a disposizione.

È questo il momento dei dubbi, dei tentennamenti, dei ripensamenti. È il momento in cui esplode la paura di fallire, di dovere ammettere che si è preso un abbaglio, che si sarà costretti a tornare indietro con la coda tra le gambe e affrontare le risatine di chi ci aveva avvertito. Tutti i "te l'avevo detto" che ancora battono il martello nel cervello.

È questo il momento di maggiore fragilità, quando si è più permeabili all'influenza altrui. È adesso che molti gettano la spugna, rinfilano in fretta e furia la giacca sfilata e si riallineano alla folla davanti alla banchina ad attendere il prossimo treno con destinazione *Nowhere*.

È questo il momento in cui gli avvoltoi affilano gli occhi per scorgere un punto scoperto e poi planano in picchiata per affondare i denti e scaricare tutto il loro veleno. Impara a riconoscerli, nascosti sotto i sorrisi di circostanza e i "lo dico per il tuo bene" conditi con il miele. Poi impara ad arginarli, spiega le ali e **mostrati in tutto il tuo splendore di mosca bianca**.

Il privilegio della mosca bianca

Guardati dai disfattisti. Da chi vede tutto nero, da chi dice che andrà sicuramente male. Che ormai non hai più l'età, ormai è troppo tardi, tanto vale che ti rassegni. Che non hai abbastanza talento, abbastanza denaro, abbastanza perseveranza. Che là fuori è un mondo brutto, cinico e vendicativo, che la gente mica ti aiuta, piuttosto ti pugnala alle spalle. E poi come farai con la pensione, ci hai pensato? E se poi ti ammali? E se poi cambi idea? E se poi… muori?

Guardati dagli invidiosi, dai rancorosi, dagli sputa-veleno. Da quelli che non hanno avuto il coraggio di cambiare e odiano chiunque ci sia riuscito. Da quelli che dicono: sei stato fortunato, tu sì che sei un privilegiato, ci scommetto che hai avuto le spalle coperte, che sei un figlio di papà. Facile per te, voglio vederti a parlare di sogni con un mutuo sul groppone e i figli che ti tengono sveglio la notte.

Terzo passo: il cambiamento

Hai preso coscienza di essere tra quei pochi esseri privilegiati che sono felici di quello che fanno. Oppure hai capito che quello che hai non ti soddisfa del tutto, che non ti senti realizzato, che in tutti questi anni hai soppresso una parte di te che implorava di essere ascoltata. Hai individuato quello che non vuoi più, uno stile di vita che trascura la persona più importante di tutte: te stesso.

Non hai le idee chiare di quello che succederà adesso, forse non ne hai la minima idea, ma sai che in quella follia non ci vuoi più stare. Non è un dettaglio da poco. Forse ti senti ancora intrappolato ma la verità è che **hai già un piede fuori dalla ruota**. Il topolino ha voltato le spalle ai binari, si è tolto la cravatta e si è incamminato verso l'uscita.

Potrebbe essere che la paura non ti abbia ancora abbandonato, potresti essere terrorizzato. E chi non lo sarebbe? Stai abbandonando il mondo in cui hai vissuto fino ad ora e stai riprendendo in mano la tua vita, è legittimo che ti

---

22. Espressioni simili a "mosca bianca" rispettivamente nella lingua francese (*mouton à cinq pattes*), tedesca (*weißer rabe*), spagnola (*perro verde*) e inglese (*black swan*), atte a indicare una persona con caratteristiche particolari, fuori dall'ordinario.

tremino le gambe. Lasciale tremare. **Non allontanare la paura**, non cercare di ignorarla. Ha tutto il diritto di esserci e di essere ascoltata. Ma non indugiare nemmeno, non concederle troppo spazio, perché il rischio di farsene fagocitare è altissimo, il rischio è farsi di nuovo prendere dai dubbi. Il rischio è rinunciare.

Concentrati sul nuovo traguardo: cambiare le cose. Adesso che hai capito che cosa *non* vuoi, **chiediti che cosa vuoi**.

Il lavoro che svolgi è quello che vuoi fare davvero? Oppure il lavoro va bene ma sono le condizioni a non soddisfarti? Non è detto che tu debba per forza cambiare mestiere, magari devi solo rinegoziarlo, ad esempio chiedendo una riduzione di ore, o la possibilità di svolgerlo da casa, o di eliminare alcune mansioni. Forse è l'azienda per cui lavori a non andare bene, forse tutto quello che ti serve è trovare un ambiente meno stressante e più gratificante.

Che cos'è che vuoi? **Quale lavoro ti renderebbe felice?**

Una puntualizzazione è doverosa. Tra queste pagine non si spacciano ricette universali per la felicità. Tu non sei il tuo migliore amico, non sei il tuo partner, non sei Bukowski e non sei nemmeno me. Tu sei tu e quello che ti permette di alzarti col sorriso sulle labbra ogni mattina è una questione di cui devi rendere conto solamente a te stesso. C'è solo una "regola" che vale per tutti ed è **amare quello che si fa**. Non vivacchiare aspettando che si faccia sera per trascinarsi a letto e staccare il cervello, o per andare in pensione e cominciare finalmente a divertirsi. Quanti settantenni conosci che si godono davvero la vita? Trova quello che ti piace *adesso*. Vivi *adesso*. Come, è solo affare tuo.

So quello che stai pensando: non è così semplice chiarirsi le idee. Certo che non lo è. Più passano gli anni e più i condizionamenti hanno creato radici profonde e scalzarle via può rivelarsi un'impresa più ardua di quel che si crede.

In questi momenti di transizione, prendersi un periodo di pausa può essere provvidenziale.

Il **periodo sabbatico** non è solo la parentesi che si concedono i giovani prima di avventurarsi nel mondo del lavoro, ma uno strumento per tutte le età e ogni periodo di transizione.

Non può crescere nulla se prima non si pulisce il terreno. Ogni volta che dobbiamo modificare o resettare da cima a fondo la nostra vita, è importante ritagliarsi un tempo tutto per sé, dove **fare silenzio** e **ripulire la mente dai vecchi schemi**. Non deve essere per forza un anno, ma sarebbe meglio che si trattasse comunque di un periodo abbastanza lungo da consentirti di staccare davvero e reimparare a vedere le cose con occhi diversi. Il tuo "anno" sabbatico può essere di sei mesi, di tre, o anche solo di uno; se non puoi fare diversamente anche una settimana andrà bene, sarà sempre meglio di niente.

Usa questo periodo di pausa non solo per ripulirti ma anche per guardarti attorno, leggere, **prendere spunto**, parlare con persone che possano ispirarti e **allargare i tuoi orizzonti**. Espandi la visuale e poi siediti sulla sponda del fiume ad attendere i frutti del tuo silenzio.

Cerca di capire non solo che cosa vuoi ma anche che cosa sai fare bene. **In quale attività dai il meglio di te stesso?**

Qualcuno un giorno mi ha detto: domandati qual è il lavoro che sognavi di fare da bambino, individualo e poi punta in quella direzione. Non so se sia davvero così e se possa valere per tutti, ma una cosa è certa: un **lavoro vocazionale** ha molte più probabilità di renderti felice di un lavoro scelto solo per denaro, o per compiacere qualcun altro. Un lavoro basato sulle passioni e i talenti fluirà in modo armonioso tra le tue dita e ti permetterà di esprimerti in modo più mirato ed efficace.

Cerca di scegliere un lavoro che sia **rispettoso del riposo e del tempo libero**. Si tratta di due momenti diversi che non dovrebbero mai coincidere. Quando il tempo libero dal lavoro coincide con la pausa necessaria per ricaricare le pile, siamo già di fronte a una sconfitta. Dai la giusta importanza al riposo e assicurati di avere abbastanza tempo libero per coltivare quello che rende la vita più bella: l'amore, la lentezza, i tramonti, la poesia. **Insegui l'equilibrio e l'armonia**. Lascia che il lavoro torni a essere quel che era prima che il consumismo e l'apparenza stravolgessero le priorità, vale a dire uno strumento. Lascia che il lavoro torni a essere mezzo anziché scopo. Lavora per vivere, non vivere mai più per lavorare.

Cerca, se puoi, un lavoro che sia **in linea con quello che sei**, con i tuoi gusti e i tuoi ritmi. Cercalo e se non lo trovi, costruiscilo da te. Crea il lavoro più adatto a te.

La tecnologia può essere l'inferno ma anche un ponte per la salvezza. Se usata con dovizia e sapienza, può essere un mezzo potentissimo per crearsi un lavoro su misura. Sempre più persone si avvicinano alle potenzialità dello **smart working**, sempre più persone si dedicano all'antica arte del **nomadismo** reinventato in chiave **digitale**. Non è una chimera, è la direzione del lavoro che sta prendendo il mondo. Le aziende che non l'hanno ancora capito e che si incaponiscono a trattare i dipendenti come bambini bisognosi di controllo sono destinate al fallimento. Un lavoratore libero, svincolato da luoghi e orari è un lavoratore più felice e un lavoratore più felice è un lavoratore più efficace.

Cerca anche, se puoi, di costruirti **un lavoro che abbia un fine**, sia nel senso di una durata limitata nell'arco della giornata, sia nel senso di uno scopo.

Come sarebbe se il tuo lavoro avesse un fine più "alto" del solo guadagnare denaro per pagare le bollette e ubriacarti il sabato sera? Un obiettivo che trascenda i limiti della tua vita per abbracciare quella degli altri. Se, ad esempio, il tuo lavoro aiutasse le persone a stare meglio, a rendere l'ambiente più pulito, a diffondere cultura, ad allargare le coscienze, se aiutasse a trasformare il mondo in un posto migliore. Pensa cosa accadrebbe se tutti inseguissimo uno scopo più ampio, cosa potrebbe esserne del nostro Pianeta e della nostra umanità.

Indaga, quindi, il margine di azione che hai e valuta la possibilità di un lavoro che sia il più possibile **etico**. È ora di uscire dai nostri orticelli e riscoprire che siamo connessi gli uni agli altri, che siamo legati a doppia mandata alla Terra, agli altri esseri viventi, che **non possiamo essere felici se chi ci circonda non lo è**, non possiamo essere felici se quello che facciamo in cambio di denaro procura danni a qualunque livello del Pianeta.

L'etica non insegna la felicità, diceva Kant, ma il modo per diventarne degni. Che è cosa di gran lunga più potente.

CAPITOLO 8

Una vita sostenibile

"Ho sciupato il tempo e ora il tempo sciupa me."

(WILLIAM SHAKESPEARE)

5, 4, 3, 2, 1, 0

Anno 2169. Esterno notte.

Dopo aver finito di lavorare e aver saldato la rata del prestito, la donna sale sul bus che la porterà a Dayton, dove l'attende suo figlio. Sorride tra sé.

Sono due ore, dice l'autista[23].

Il terrore le gela le vene. Che storia è questa? Il biglietto ne è sempre costato una, dice incerta.

Si guarda il braccio, dove il contatore segna in verde il tempo di vita che le rimane. Troppo poco.

La prego, a piedi sono due ore e io ne ho solo una e mezzo.

Allora, signora, è meglio che corra.

Lei si guarda attorno attonita, scruta le persone sedute nel bus, basterebbe che qualcuno mettesse il proprio contatore a contatto col suo per regalarle il tempo che le manca. Ma nessuno alza lo sguardo su di lei. Sono dei poveri cristi anche loro, se cerca aiuto non è lì che lo troverà.

---

23. Non è il denaro, ma il tempo, la moneta di scambio in questo mondo surreale. Un pasto decente costa trenta minuti, l'affitto di un appartamento un giorno e mezzo.

Così scende. Attorno, il buio e il silenzio della notte. Nemmeno un'anima viva.

Comincia a correre.

Suo figlio l'attende alla fermata come promesso, ma quando il bus arriva, lei non c'è. Gli ci vuole appena una manciata di istanti per capire che qualcosa deve essere andato storto. Che lei è in pericolo, che dopo la rata del prestito le resta solo una manciata di minuti prima di esaurire le sue riserve di tempo. Prima di morire.

Lascia scivolare i fiori a terra, comincia a correre.

Corre anche lei, verso di lui, verso la vita.

Vede un tizio, nel silenzio della notte. Gli grida di fermarsi, lo implora di aiutarla, anche solo qualche minuto potrebbe salvarle la vita. Ma è una guerra tra poveri quella dentro il Ghetto, lui ha troppa paura ed entra veloce nel portone, chiudendosi la porta alle spalle.

Lei, disperata, si guarda il braccio. Le restano pochi secondi.

Corrono l'uno verso l'altro, sempre più veloci.

Finalmente, alla fine della via, lui la vede, lei lo vede. Mamma! Will!

Basterà che si sfiorino le braccia perché tutto si sistemi.

Ma quando mancano appena una manciata di millimetri, lei gli vola rigida tra le braccia. Bellissima, nel suo vestito rosso stampato nel nero della notte. Sul braccio, una lunga fila di zeri.

(Tratto dal film *In Time*)

La scimmia del consumismo

Sono riusciti a ingannarci. Ci hanno fatto credere che tutto quello che ci serviva per coltivare un'illusione di felicità fosse afferrare sempre più denaro e poi barattarlo in cambio di oggetti. Il vero capolavoro però non è stato questo, bensì fare in modo che di quanto faticosamente guadagnato col sudore della fronte solo una piccola parte venisse impiegata per soddisfare le necessità basilari e quelle accessorie proprie di una vita dignitosa, mentre la parte restante, quella più cospicua, finisse sperperata in oggetti futili e transitori, spesso inutili, spesso mai davvero desiderati.

Ci hanno convinti a chiamare "normalità" quella che è solo **la scimmia sulla schiena del consumismo**, che chiede dosi sempre più grandi e frequenti ai suoi adepti. Per tappare le voragini di noia e dolori profondi siamo indotti a spendere, sprecare e accumulare, siamo costretti a trovare nuovi desideri da soddisfare, e per poterlo fare dobbiamo guadagnare più denaro, aumentare il nostro potere di scambio, così da continuare a sperperare e alimentare per sempre **la ruota dei Nuovi Schiavi**. Perché il giorno in cui ti fermi e si svela l'inganno, il delirio bussa alla tua porta di casa. Meglio non pensare, dunque, meglio non vedere.

Sono riusciti a farci pensare che fosse qualcosa di inesistente, la chiave di volta. Che fosse un pezzo di carta senza valore reale, l'unica possibile moneta di scambio per giocare la nostra partita. Che non ci fossero altre vie, tranne quella tracciata dai Piani Alti. Che fossimo solo marionette ammaestrate da chi è consapevole che l'unico modo per mantenere il potere è allargare il divario tra ricchi e poveri, e l'unico modo per allargare il divario tra ricchi e poveri è acuire l'ignoranza, e l'unico modo per acuire l'ignoranza è **atrofizzare il cervello**, affogandolo in un consumismo cieco e drogato.

Sono stati bravi a convincerci che non ci fossero alternative, che i giochi ormai fossero fatti e che uscire dal sistema avrebbe comportato più danni che rimanerci aggrappati, avrebbe significato ritrovarsi isolati, senza mezzi di sostentamento, senza aiuto, senza nemmeno una parola gentile per lenire le ferite. Provare a costruire un'alternativa avrebbe significato rovinarsi la vita per inseguire un'illusione. Se i rivoluzionari hanno sempre fatto una brutta fine, un motivo ci sarà, o no?

Puttanate. Sono tutte puttanate.

Chi dice che i rivoluzionari hanno sempre fatto una brutta fine, dimentica che molti di loro hanno cambiato il corso della storia.

Non è vero nemmeno che chi esce dal sistema è destinato a rimanere solo, una nota stonata di un mondo che si crede melodioso. Il mondo è pieno zeppo di mosche bianche, ma una mosca bianca può riconoscerne un'altra solo quando trova il coraggio di assumere il suo stesso colore.

Perciò togli quel manto nero, che non ti si addice, esci dal recinto e **corri a cercare i tuoi simili**.

Una moneta chiamata Tempo

C'è **un'altra moneta di scambio** che riposa dietro il denaro. Il denaro è la facciata che racchiude la sostanza non vista, non considerata, eppure sempre presente.

Questa moneta è antica come l'uomo e non conosce svalutazione perché parla il linguaggio della Vita e dell'Essenza. Per averla non sei costretto a uscire di casa la mattina secoli prima che il cielo schiarisca e a correre come un pazzo tutto il santo giorno. Non devi primeggiare, non devi competere con nessuno, mandar giù chissà quale boccone amaro. Non devi fare nulla per guadagnarla perché è già tua, la stringi da sempre tra le mani e resterà nelle tue tasche finché non te ne andrai da questa vita.

È tua per sempre e senza condizioni, tranne una: **non devi sprecarla**. Se la sprechi, la vedrai svanire come un sogno alle prime ore del mattino. E non potrai mai più recuperarla. Una volta spesa, è andata, morta, evaporata per sempre.

Ricorda che quando compri qualcosa non la compri con i soldi, ma con il tempo che ti è servito per guadagnare quei soldi. Ricordalo ogni volta che metti mano al portafoglio, chiediti se ne vale davvero la pena fare quell'acquisto o se stai solo alimentando un capriccio.

Non dico che devi vivere sotto le stelle avvolto in una coperta di pecora arrostendo sul fuoco quello che peschi dal fiume. Goditi i privilegi della modernità e concediti i tuoi capricci, perché siamo stati chiamati su questa Terra per essere uomini, non asceti.

Quello che dico è: **sii consapevole del *vero* costo di ogni transazione**, non solo di quello apparente. Quando acquisti qualcosa, chiediti cosa guadagni comprandolo e cosa perdi. **Chiediti se ti arricchisce o se ti limita**, chiediti quali sono i confini della tua libertà e della tua vera ricchezza.

È probabile che quando comincerai a guardare le cose con la dovuta consapevolezza, la scimmia comincerà a mollare la presa, facendo emergere una verità sorprendente e talmente bizzarra da sembrare quasi uno scioglilingua. *Less is more*. Di meno è di più.

Minimalismo esistenziale e neo crescita

*"Non ci opponiamo ciecamente al progresso, ma ci opponiamo
al progresso cieco."*

(Serge Latouche)

Questo non è un libro per aspiranti mistici. Non contiene inviti a vivere senza denaro, a costruirsi una casa in mezzo al bosco e a staccare completamente la spina dalla società.

Questo è un libro per persone comuni, consapevoli che la società sta viaggiando su binari sbagliati e che il sistema economico su cui si fonda necessita di una profonda trasformazione. **Non negazione, dunque, ma trasformazione**.

Il povero Pallante[24] se ne è sentito dire di tutti i colori: affossatore di civiltà, sostenitore del "povero è bello", difensore della recessione. Ma la **decrescita felice** di cui lui parla è tutt'altra cosa. Non rinnega la società ma ne sfrutta i prodigi tecnologici. Non è contro la crescita di per sé ma contro la crescita fine a se stessa, che considera il Pil un barometro automatico del livello di felicità delle persone.

La decrescita auspicata da Pallante è una rimodulazione consapevole della crescita e della produzione, è un invito a non sprecare, a non ingolfare il Pianeta di oggetti obsolescenti e di difficile smaltimento, è una **neo crescita sostenibile ed etica** che si fonda sul riutilizzo dei prodotti, l'ottimizzazione delle risorse e la collaborazione.

---

24. Maurizio Pallante (Roma, 1947), saggista e scrittore esperto di tecnologie ambientali, nel 2007 ha fondato il Movimento per la Decrescita Felice, portando in Italia un dibattito di respiro internazionale che punta il dito contro gli eccessi della produzione economica e dei consumi della civiltà moderna e auspica un'immediata e profonda trasformazione del modello di crescita dominante.

La neo crescita ha le radici ben piantate nel presente, un occhio puntato al passato e uno al futuro, è la sintesi di quel che l'uomo dovrebbe sempre fare: attingere alla sapienza della tradizione per costruire un futuro migliore.

Che il mondo in cui viviamo sia alla deriva è sotto gli occhi di tutti, persino i più irriducibili hanno cominciato timidamente ad ammettere che la strada intrapresa non è più sostenibile, che i ritmi di crescita a cui ci siamo abituati stanno spremendo il Pianeta, lo stanno portando al collasso. Occorre ripensare la filosofia del consumo dalle basi, operando una profonda trasformazione che non ripudi ma rimoduli, che non cancelli ma migliori.

Si tratta di costruire quel **nuovo Rinascimento economico e spirituale** di cui il movimento della decrescita consapevole si è fatto portavoce e che prevede un ripensamento globale del nostro modo di approcciarci alle risorse e al Pianeta. A partire dalle parole che utilizziamo.

Le parole della neo crescita

Non più consumo ma **acquisto consapevole**.

Non più spreco ma **riutilizzo**.

Non più distruzione ma **conservazione**.

Non più fabbricazione industriale ma **autoproduzione**.

Non più quantità ma **qualità**.

Non più abbondanza ma **minimalismo**.

Non più sregolatezza ma **frugalità**.

Non più eccesso ma **sobrietà**.

Non più competizione ma **collaborazione**.

Non più avere ma **essere**.

"Se ho meno soldi, ma non devo comprare cose perché non ne ho bisogno, non sono più povero" dice Pallante. Questo significa *less is more*.

Vivere una vita frugale non significa essere poveri, ma esattamente il contrario. Se impari a vivere con poco, non perché non puoi permetterti di acquistare il superfluo ma perché non lo vuoi, perché non ti serve, hai bisogno di meno denaro, dunque sei più svincolato dal sistema lavora-guadagna-consuma. Dunque, sei più libero.

Il minimalismo esistenziale è la via che conduce alla libertà. Se occupi la maggior parte della tua vita a guadagnare per poter consumare, non sei un uomo libero, sei uno schiavo. Essere ricchi non significa comprare tutto quello che si vuole ma sapere **scindere il necessario dal superfluo**, l'oggetto che migliora la vita dall'orpello che rende dipendenti.

Avere più tempo libero tra le mani: ecco la vera ricchezza, ecco l'unica crescita che merita di essere perseguita.

Per poterla raggiungere, occorre non solo ridurre i bisogni ma anche costruire una nuova economia. Che, a guardarla bene, proprio nuova non è.

Una vecchia, nuova economia

> *"Io consumo il necessario ma non accetto lo spreco.*
> *Perché quando compro qualcosa non la compro con i soldi, ma*
> *con il tempo della mia vita che è servito per guadagnarli.*
> *E il tempo della vita è un bene nei confronti del quale bisogna*
> *essere avari.*
> *Bisogna conservarlo per le cose che ci piacciono e ci motivano.*
> *Questo tempo per se stessi io lo chiamo libertà.*
> *E se vuoi essere libero devi essere sobrio nei consumi.*
> *L'alternativa è farti schiavizzare dal lavoro per permetterti*
> *consumi cospicui,*
> *che però ti tolgono il tempo per vivere."*
>
> (José Alberto Mujica)

Pil, Spread, Bund, Btp. Sembra una collezione di suoni onomatopeici per un fumetto d'avanguardia e invece è solo il gergo astruso dell'economia. L'economia come la conosciamo, nella sua veste più nera e angosciante, lo spauracchio delle ninne nanne per adulti ammaestrati.

Ma questa non è la vera economia, è solo la sua degenerazione.

La vera economia trae sostanza dalla propria etimologia, che significa "amministrazione delle cose domestiche", arte di ben gestire le cose della famiglia. Il significato originale di economia si rifà anche a un concetto di parsimonia, di risparmio, di un "uso razionale del denaro e di qualsiasi mezzo limitato, che mira a ottenere il massimo vantaggio a parità di dispendio"[25].

---

25. *http://www.treccani.it/vocabolario/economia/.*

Risparmio, dunque, altro che crescita smisurata. Riesci a vederla, ora, la manipolazione a cui ci hanno sottoposti?

Utilizzare le risorse in modo razionale e consapevole non solo è possibile ma anche piuttosto semplice. Lo fanno in tanti, tantissimi, lo fanno ovunque. Quella del **consumo consapevole** è una filosofia antica che non è mai stata davvero sradicata e che oggi è tornata prepotentemente sulla scena "grazie" al fallimento dell'economia capitalista. L'ultima crisi economica è stata una benedizione in questo senso, d'altronde è la natura di ogni crisi far sorgere nuova vita dalle ceneri.

Negli ultimi anni c'è stata un'importante riscoperta dell'accezione sana e originaria dell'economia che ha portato a una **riduzione massiccia dell'uso del denaro**, sia sfruttando i benefici della tecnologia, con criptovalute e blockchain quali strumenti per bypassare l'egemonia dei sistemi centralizzati, sia attraverso la rivalutazione del passato e l'utilizzo di metodi di pagamento alternativi, primo tra tutti il baratto.

C'è una riscoperta dell'antica **arte dello scambio**, della collaborazione comunitaria, della collettività come concetto superiore a quello di individualità. Gli esperimenti comunitari hanno una tradizione antichissima nel nostro Paese ma negli ultimi anni si è assistito a un corposo ritorno alla campagna, alla riqualificazione dei piccoli borghi, alla creazione di numerosi **ecovillaggi** ed esperimenti di **cohousing**.

L'obiettivo è sì risparmiare, è sì ottimizzare, ma anche riscoprire il valore spirituale della **vita comunitaria**, la **lentezza** che porta con sé, la sua **semplicità**, la vicinanza ai ritmi e alle leggi della natura. L'uomo non è fatto per vivere dentro scatole di cemento e passare ore imbottigliato nel traffico dell'ora di punta. L'uomo è fatto per osservare il sole salire piano dal mare, per ritrovarsi a fine giornata in cortile a chiacchierare con i vicini, per mangiare in compagnia, ridere in compagnia, giocare in compagnia. Per ascoltare il canto delle cicale e assistere al miracolo della natura che si risveglia, ogni volta come fosse la prima volta.

Sullo stesso principio di cooperazione si basa anche la proliferazione delle **banche del tempo**, che, oltre a permettere di svincolarsi dal denaro, almeno parzialmente, hanno l'incomparabile beneficio di democratizzare le attività e le professioni: un'ora di una domestica ha lo stesso valore di un'ora di una web developer, un'ora di un dentista, lo stesso di quella di un parrucchiere. Eccolo qui, il ritorno al passato che profuma di futuro.

La nuova economia parla anche di **riavvicinamento alla natura**. La rivoluzione industriale e la crescita spasmodica che da allora perseguita la nostra società ci ha fatto recidere il legame più profondo che avevamo: quella con Madre Natura. La nuova economia lo ristabilisce e della Madre accoglie i frutti, non li pretende, li coltiva con amore, non li intossica, li attende, non li forza.

Non è necessario rifugiarsi in campagna e coltivare un orto, le città traboccano di **farmer market** dove acquistare **prodotti locali e genuini**, legati al ritmo della terra e delle stagioni.

I prezzi talvolta sono più alti di quelli di un supermercato ma solo in apparenza, perché contemplano risparmi nascosti. Comprare locale significa meno trasporti, dunque **meno inquinamento**, significa meno sfruttamento, di terra e di manodopera, significa meno manipolazione, dunque **meno intossicazioni**, intolleranze e allergie. Significa, soprattutto, sapori densi e antichi, sapori gonfi di sapore che abbiamo quasi dimenticato.

La vecchia, nuova economia ha come obiettivo principale la **sostenibilità**. Il senso è sempre quello: svincolarsi il più possibile da un sistema che ci succhia via sempre più denaro, tempo ed energie. Per scendere dalla ruota del criceto, smettere di correre in cerchio e ricominciare a camminare nella direzione che più ci aggrada, dobbiamo cercare il modo di dipendere sempre meno dall'economia globalizzata e cominciare ad arrangiarci.

Il senso è, soprattutto, quello di cominciare una buona volta a prendersi cura di un Pianeta ormai allo stremo. Non possiamo più far finta che il problema non esista, non possiamo più far finta che non sia un problema nostro.

Oltre a consumare meno dobbiamo imparare anche a **consumare meglio**, così da produrre meno rifiuti. Non esiste vita che non produca scarti ma è nostro dovere assicurarci che abbiano il minor impatto possibile sull'ambiente.

Impariamo a preferire **prodotti ecologici e riciclabili** a quelli industriali, a differenziare i rifiuti, a utilizzare con parsimonia l'energia. Viviamo in un Paese che esplode di sole, vento e acqua, potremmo vivere solamente di **energie rinnovabili** e invece siamo ancora aggrappati con le unghie e con i denti a un sistema vecchio e defunto. Abbiamo un clima clemente e terre generose, abbiamo una tradizione contadina millenaria e la sapienza parsimoniosa acquisita in tempi di siccità, guerre ed epidemie. Abbiamo tutto ciò che ci occorre non solo per cavarci d'impiccio in tempi di crisi ma anche per abbracciare quella vita lenta, umana e libera che meritiamo.

Coltiviamo la nobile arte dell'**autoproduzione**. Non dobbiamo per forza vivere in campagna per crescere le nostre verdure, gli orti urbani producono miracoli di sapore anche in mezzo al traffico. Possiamo dedicarci all'autoproduzione di cibo, bevande, conserve, prodotti per la casa e l'igiene personale, possiamo costruirci i nostri mobili e persino le nostre case, là dove la legge lo consente.

Soprattutto, smettiamo di sprecare il poco tempo che abbiamo a disposizione a rincorrere sciocchezze e impariamo a investirlo per raggiungere l'essenza.

Perché solo il tempo investito è tempo che non viene perso, solo **il tempo investito è tempo guadagnato**.

Investimento a fondo perduto

Investi il tempo nella tua formazione. Studia, esplora, approfondisci. Impara una nuova lingua, acquisisci una nuova competenza, dai vita a nuovi progetti. Mettiti alla prova, sfida i tuoi limiti e osserva fin dove riesci a spingerti. Non dire mai più "non so farlo" ma solo "non so *ancora* farlo". Le parole sono importanti, sceglile con cura.

Investi sulla conoscenza di te stesso e i tuoi margini di miglioramento. Medita, respira lento, dedica attenzione al corpo e alla mente. Guarda in faccia le tue imperfezioni e accoglile come figli, individua le tue paure e vai loro incontro per scoprire quello che si nasconde al di là del muro.

Investi nelle persone, in tutte quelle che meritano, e argina chi non è degno della tua attenzione. Dà loro ascolto, comprensione e compassione, riempile di abbracci e di sorrisi, asciuga le loro lacrime e poi falle ridere, ogni volta che puoi.

Investi negli sconosciuti, nelle nuove possibilità e nelle occasioni di cambiamento. Presta attenzione all'invisibile, alla tua parte saggia, ai segnali che l'Universo dissemina nella tua vita come piccole molliche di pane.

Investi nei sogni e nel tuo lato bambino, nella tua parte folle, antica e intuitiva.

Investi nel Tempo come fine, non solo come mezzo, investi nella Vita, che per la morte c'è sempre tempo.

CAPITOLO 9

Il qui e ora

*"Il non fare nulla è la cosa più difficile del mondo, la più difficile
e la più intellettuale."*

(OSCAR WILDE)

Filosofia del momento presente

Ci sono giorni che segnano uno spartiacque nella vita di un
uomo e quello in cui realizza che molte delle preoccupazioni che lo affliggono non sono reali, perché non sono presenti, è uno di questi. Da quel momento, per lui, la realtà non
sarà mai più la stessa.

Molti dei nostri tormenti, infatti, dei pensieri che ci tolgono il respiro di giorno e il sonno di notte sono legati alla
memoria di qualcosa che è avvenuto nel passato, oppure a
proiezioni nel futuro. Riguardano il *noi passato* e il *noi futuro*, non riguardano il *noi presente*.

È buffo a pensarci bene, o forse solo tragicomico. Passiamo gran parte della vita sospesi tra ciò che non esiste
più, perché è già stato, e ciò che non esiste ancora, perché
ancora non si è realizzato, del tutto indifferenti all'unica dimensione davvero reale e su cui abbiamo potere: il nostro
presente.

È *adesso* che si consuma la vita, *adesso* che si giocano le
sorti della partita. Anziché rammaricarci del passato e preoccuparci del futuro, dovremmo occuparci del nostro pre-

sente, perché **è oggi che creiamo il nostro futuro, è oggi che costruiamo il passato di domani**.

Siamo uomini, non siamo mistici, e svincolarsi completamente dai condizionamenti del passato e del futuro non credo sia possibile. Ma di certo possiamo, anzi *dobbiamo*, ridurre il loro impatto sulla nostra vita. Dobbiamo reimparare a **concentrarci sul momento presente**. Che nell'epoca della distrazione di massa sembra quasi un'eresia.

Il rumore, i mille impegni, l'attitudine al multitasking esasperato, l'incapacità di restare soli con noi stessi creano l'onda gigantesca che ogni istante ci trascina via dal qui e ora.

Gran parte dei gesti che compiamo durante le nostre giornate vengono eseguiti in automatico, senza lasciare alcuna traccia nella memoria. Abbiamo il cervello così sovraccarico di input che per evitare di mandarlo in tilt siamo costretti a spegnerlo, trasformandolo in un microcosmo atrofizzato e impermeabile agli stimoli esterni.

Camminiamo senza vedere, parliamo senza ascoltare, stringiamo senza sentire. Non prestiamo attenzione a quello che facciamo e che diciamo, relegando le nostre giornate alla fitta nebbia dell'oblio. Che non è una spiacevole conseguenza tra le altre di una vita troppo stressata. È una vera e propria tragedia. Perché dentro quell'oblio non ci sono solo le nostre azioni, le vite degli altri e la percezione che abbiamo della realtà. Dentro quell'oblio ci siamo anche noi.

Un nuovo amico: te stesso

Perdere la connessione con il momento presente significa perdere la connessione con noi stessi. E perdere la connessione con noi stessi significa lasciare agli altri il potere di pensare e decidere al posto nostro, di manipolarci, di limitare la nostra libertà.

Siamo talmente condizionati dai dettami della società che ci siamo dimenticati di avere un cervello. Siamo il popolo dei post condivisi e dei retweet, delle *image quote* e delle citazioni. Affidiamo i nostri pensieri alle parole altrui perché non sappiamo più crearne di nostri, o non ne abbiamo il tempo, che alla fine è la stessa cosa, perché a forza di non usarli i muscoli si atrofizzano, a forza di non alimentarli i talenti muoiono.

Dobbiamo riappropriarci delle nostre idee e delle nostre opinioni. Dobbiamo riscoprire la via che riconduce alla persona più importante che incontreremo in tutta la nostra vita: **noi stessi**.

Per farlo, però, dobbiamo prima liberare la mente da tutta la spazzatura accumulata nel tempo. Dobbiamo scrostarci, purificarci, eliminare le sovrastrutture e le impurità dei pensieri altrui. Solo così saremo di nuovo in grado di **sentire la nostra voce**.

Come ripulirsi, è scelta del tutto personale. C'è chi ritrova se stesso suonando il violino e chi prendendo a pugni un sacco da boxe. Qualcuno butta fuori le tossine perdendosi nell'abbraccio dei figli, altri affidandosi alle mani sapienti di chi sa rilassare il corpo per dare sollievo alla mente. Qualcun altro si affida a quel grande maestro di vita che è il viaggio, che, specialmente se compiuto in solitaria e senza fretta, è uno dei più potenti e antichi risvegliatori di consapevolezza di sé che l'uomo conosca dalla notte dei tempi.

Ci sono due metodi però che funzionano con tutti e che consentono di raggiungere livelli di purificazione molto profondi.

Il primo si chiama natura. Affidati ogni volta che puoi al **potere taumaturgico della natura**. Ascolta il suono del vento tra le foglie, respira a pieni polmoni l'aria umida dei boschi, siediti di fronte al mare e osservalo mentre porta via i tuoi tormenti.

Il secondo è la **disintossicazione digitale**. Spegni quel maledetto cellulare, spegni il tablet, spegni il pc.

Imponiti dei regolari momenti di pausa per tornare ad assaporare la bellezza della vita disconnessa. Anche darsi delle piccole regole durante la giornata può aiutare, ad esempio non accendere mai il cellulare se non dopo avere fatto colazione o spegnere sempre il pc almeno un'ora prima di andare a dormire. Silenzia le tue appendici digitali anche durante i pasti, le tavole imbandite dovrebbero essere piene di risate, non di occhi chini sullo smartphone.

La tecnologia deve agevolare la vita, non peggiorarla.

Cerca di capire quanto è profonda la sua influenza sulla tua vita, se il tuo è un uso oppure una dipendenza. E se ti accorgi che c'è una **dipendenza** in atto, arginala subito prima che sia troppo tardi. E ti renda cieco a quello che conta davvero.

Briciole di bellezza

> *"Ci sono gli alberi sopra di te, con le foglie che si muovono al vento. Li hai mai guardati gli alberi? C'è tua moglie che è bella e perde la giovinezza cucinando funghi alla crema mentre tu la crocifiggi. Hai guardato una volta tua moglie? Ci sono i tuoi bambini con la loro pelle liscia, hai mai ringraziato qualcuno per la sua pelle liscia? E le vacche che ti regalano latte, burro e formaggio tutti i giorni. Hai mai detto grazie alle vacche?!"*
>
> *"Lei è pazzo signore…"*
>
> *"La tua vita è bella, pancione. È bella, bella, bella da morire. Guardala, pancione!"*
>
> (DAL FILM *IL PIANETA VERDE*)

Siamo così abituati a invidiare i talenti altrui da perdere di vista i nostri. Questa competizione malata che avvelena l'aria ci fa dimenticare che non esiste essere umano senza virtù, non esiste creatura che non stringa sotto pelle qualche sparuta briciola di bellezza.

Quali sono le tue briciole di bellezza?

Se tardi più di qualche secondo a rispondere, non significa che non le hai, ma solo che le hai dimenticate.

Quella che chiamiamo evoluzione è quasi sempre una riscoperta di quello che abbiamo sempre saputo. Da bambini avevamo le idee molto chiare su quello che avremmo voluto fare da grandi, conoscevamo per nome tutti i nostri sogni e li frequentavamo così tanto che alla fine diventavano realtà.

Cosa ti piace fare? Non quello che fai, quello che davvero vorresti fare. Quello che se il cuore ti scoppiasse domani lo vedresti saltare in aria spargendo coriandoli.

Cosa ti rende felice? Ecco, la prima piccola cosa a cui ridare attenzione.

Potresti scoprire che quello che ti piace non è appropriato. Magari è poco adatto al tuo stile di vita. O alla tua età. O al tuo genere. O al tuo ruolo sociale. Ho solo una cosa da dirti in proposito: **fregatene**. Non lasciare che la tua vera natura rimanga inespressa solo perché gli altri credono che non vada bene. Qui c'è in gioco molto più della libertà di espressione di cui si riempie la bocca la nostra democrazia, qui c'è in gioco la tua salute fisica e mentale. I bisogni inespressi sono come i dolori ignorati: prima o poi intossicano il corpo.

Vivi ora. **Trova la tua felicità ora**. E riscopri tutte le piccole, commoventi cose che tappezzano l'esistenza.

Il miracolo delle piccole cose

A te, che pensi che la tua vita sia tutto un disastro, dico: abbassa gli occhi e osserva il tuo corpo.

Guardati le mani, falle ruotare. È grazie ad esse che puoi nutrirti, che puoi lavorare, che puoi lavarti. È grazie ad esse che puoi stringere e accarezzare.

Guardati le gambe, sgranchiscile un po'. Quanti chilometri ti hanno permesso di percorrere da quando sei nato? Quanti Paesi ti hanno fatto visitare, quante persone ti hanno fatto incontrare? Quante volte ti hanno fatto correre, saltare, nuotare, giocare? Se non lo sai te lo dico io: un numero talmente infinito da togliere il respiro.

A te, che pensi che il mondo sia tutto un disastro, che la vita, nella sua espressione più ampia, sia solo un'accozzaglia di crudeltà, miseria e sofferenza, dico: alza gli occhi e guardati attorno.

Guarda i colori della natura che brillano dopo un temporale. Osserva il volo di una farfalla e tutte le sfumature con cui colora il vento. Senti il tepore del sole sul viso, il tocco umido della pioggia sulla pelle, il sapore della neve che gocciola sulla lingua.

Se hai scordato com'è fatto un tramonto, esci questa sera stessa e corri ad ammirarlo. Portati dietro un calice di vino e celebralo per quello che è: un prodigio della natura. Fai in modo che la tua vita contempli un congruo numero di albe e di tramonti, di nuotate in piena notte, di cieli gonfi di stelle osservati distesi su un prato, di camminate a piedi nudi sull'erba gravida di rugiada.

Trova il tempo per contemplare tutti i miracoli dell'esistenza, perché passa dalle **piccole cose** la strada che conduce alla grandezza.

Il potere del silenzio

Nel firmamento delle piccole cose da riscoprire, spicca imperioso il silenzio. Quel grande strumento di consapevolezza di cui abbiamo smarrito l'antica sapienza.

Abbiamo dimenticato che il silenzio è un dono e l'abbiamo trasformato in un nemico da cui guardarci le spalle, perché in nessun luogo la vacuità umana rimbomba di più che in mezzo al silenzio.

Eppure è lì che si nasconde la chiave della conoscenza di noi stessi e delle nostre primordiali necessità. Lì che si cela quella voce saggia che abbiamo soffocato sotto tonnellate di distrazioni ed auto castrazioni. Se vuoi fare pace con te stesso, **fai pace con il silenzio**.

Usa il silenzio per ripulire la mente e acuire la concentrazione. Nelle discipline meditative la concentrazione è il primo passo per ampliare la mente, togliere di mezzo il superfluo così da potersi concentrare sull'essenziale.

Dedica un momento delle tue giornate a riscoprire l'essenziale attraverso la **meditazione**. Non c'è bisogno di accendere incensi, cantare mantra e restarsene seduti a gambe incrociate fino a perdere sensibilità nelle gambe. Puoi meditare mentre cammini con lentezza e consapevolezza, mentre coltivi l'orto, giochi con il tuo cane, stringi tra le braccia tuo figlio in piena presenza. Meditare non è raggiungere il Nirvana, ma sviluppare la capacità di attenzione. È fare una cosa alla volta, essere presenti al cento per cento in quello che si fa, qualunque cosa sia, consapevoli del momento, della sua unicità, del fatto che non tornerà mai più.

Dedica tempo anche alla **lettura**. Questa sera, anziché anestetizzarti con l'ennesimo programma trash che abbassa il livello della tua energia, scegli e prendi in mano un buon libro. La lettura non è solo un'apologia del silenzio ma anche un'occasione preziosa per conoscere, imparare e arricchirsi, per investire il proprio tempo anziché disperderlo.

Se riuscirai a non averne paura e a guardarlo in faccia, se riuscirai a farci amicizia e ad accoglierne i doni, il silenzio ti svelerà il luogo dove si nasconde la Lampada di Aladino. Che non riposa dentro una grotta inaccessibile, come ti hanno sempre fatto credere, ma tra le pieghe di un'amaca che dondola nel vento.

Ozioterapia

"Ozio. Intervalli di lucidità nei disordini della vita."

(Ambrose Bierce)

C'era una volta la Rivoluzione industriale, la nascita della macchina a vapore, delle ferrovie e delle fabbriche. C'era una volta un Pianeta che esplodeva di salute e trasudava fiducia nel futuro, che vedeva nel progresso la via maestra, non solo per il benessere materiale ma anche per quello spirituale. Basta spaccarsi la schiena nei campi! Basta sacrifici e rivoli di sudore che grondano dalla fronte! Le macchine solleveranno l'uomo dalle incombenze principali e gli lasceranno tra le mani così tanto tempo libero che non saprà che farsene.

Poi la Rivoluzione passò e l'uomo sperimentò una delle più colossali fregature che la storia ricordi. Anziché stringere tra le mani più tempo libero, così come gli era stato promesso, si ritrovò prosciugato anche del poco che gli era rimasto.

Il tempo lento e cadenzato della natura, scandito dai rintocchi di campana e dalla curva percorsa dal sole nel cielo, venne pian piano sostituito dal tempo degli affari, che non conosce pause, che non conosce tramonti, che non conosce riposo. Fino al grande capolavoro moderno: trasformare in una **maratona di impegni** persino i momenti di relax.

Fatichiamo tutta la settimana e quando finalmente arriva il week end, continuiamo a faticare, solo che lo chiamiamo "divertimento". L'industria del divertimento ha inglobato ogni nostro ritaglio di tempo, allettandoci con la promessa di un lungo, illusorio sogno di felicità e leggerezza.

Il sistema ci vuole sempre attivi, sempre efficienti, sempre su di giri. Ma quale riposo, il riposo è per gli oziosi, per gli smidollati! Su le mani, amico, che domani si ricomincia da capo!

Chi sta fermo non produce e una persona che non produce è inutile, dannosa, un parassita della società. L'ozio, il padre di tutti i vizi. L'ozio, una malattia da combattere prima che si diffonda il virus. E chi non si lascerà curare, che almeno venga bandito, seppellito sotto cumuli di sensi di colpa e pubblica vergogna.

Ma non è così che un tempo la pensavano i filosofi e i grandi pensatori. Non è così che la pensano oggi i poeti e i musicisti, gli scrittori e gli artisti di ogni tipo, non è così che ancora la vivono in buona parte del mondo orientale e in tutti quegli angoli sospesi nel tempo dove il capitalismo e la globalizzazione non sono ancora riusciti a fare disastri.

L'ozio, nella sua accezione latina di **esaltazione del tempo libero**, è tutt'altro che una perdita di tempo. È il luogo privilegiato in cui prendono forma i pensieri "alti" e la creatività trova finalmente spazio, il momento in cui l'uomo abbandona i suoi limiti terreni per accedere alla grazia divina.

L'ozio non è una malattia, **l'ozio è la cura**.

È la cura a questo nostro tempo malato, che ci sfugge non visto tra le dita, è la terapia per riscoprire la nostra umanità perduta e quella grande virtù dimenticata che è la **pazienza**, verso gli altri e verso se stessi.

Se non vogliamo consumarci e morire ancor prima di aver vissuto, dobbiamo recuperare **l'arte del dolce far nulla**, dobbiamo reimparare a concederci il lusso di dire: per oggi basta, per oggi mi fermo. A correre pensateci voi, che io "non ne ho il tempo".

È necessario che mettiamo al più presto un freno a questa folle corsa verso il nulla e reimpariamo a godere del momento presente, che nulla chiede, tranne la nostra presenza. E dobbiamo liberarci una volta per tutte di questi benedetti sensi di colpa, che hanno solo il potere di limitarci e impoverirci. Non siamo noi, quelli sbagliati. Non siamo noi, quelli malati.

Perché a correre sono capaci tutti, ma **è sapere oziare il vero talento**. È sapere restare senza far nulla, la vera rivoluzione.

Elogio dell'ozio

Oziare non è restarsene sprofondati nel divano a fare zapping ingurgitando patatine. Non è rincoglionirsi con i giochini dello smartphone finché non viene un crampo alla mano.

Oziare non è cazzeggiare.

Oziare non è fissare il soffitto spegnendo la mente, né rigirarsi tra le lenzuola aspettando che si faccia ora di mangiare. Non è sentirsi a disagio quando ci si ritrova senza nulla da fare.

Oziare non è annoiarsi.

Oziare è vivere il tempo libero mollando gli ormeggi. Rallentare, rilassare il corpo e la mente, così da disintossicarli e rinvigorirli di nuove energie.

Oziare è curarsi.

Oziare è dedicare tempo alla conoscenza di sé e della propria evoluzione. È coltivare le arti, l'immaginazione e i sogni, è sapere fantasticare e concepire nuove realtà. È abituarsi a pensare fuori dagli schemi, a colorare fuori dai bordi, a uscire dai tracciati ed essere pronti a coglierne i guizzi.

Oziare è dare voce alla parte migliore di sé.

Oziare è godere del silenzio e della compagnia delle persone elette, tra cui se stessi. È concedersi il lusso di osservare, odorare, toccare e percepire con tutta la lentezza necessaria per scivolare oltre la superficie. È imparare a rallentare le ore così da renderle più dense.

Oziare è sapere moltiplicare il tempo.

CAPITOLO 10

Una nuova umanità

"Innamorati di te. Della vita. E dopo di chi vuoi."

(Frida Kahlo)

Un sano egoismo

Che buffo che è l'essere umano, **si occupa della facciata e trascura l'essenza.**

Quante persone conosci che si prodigano per aiutare gli altri e si dimenticano di sé?

Io moltissime. Persone che dedicano gran parte delle proprie giornate ad ascoltare i malumori degli altri, a dare una mano a chi è nei guai, a fare da taxi ad amici e parenti, per poi arrivare a sera stremate, prosciugate di ogni energia, senza avere avuto nemmeno il tempo di fermarsi a mangiare un boccone. La conosciamo bene, è **la maledizione dello spirito da crocerossina.**

Persone belle e generose, senza alcun dubbio. Ma anche la generosità diventa un difetto se elargita indiscriminatamente; anche la bontà, se condita di eccessiva ingenuità, corre il rischio di sconfinare nella "coglionaggine".

Chi si dà senza compromessi, limiti ed eccezioni corre però un pericolo assai più grande di fare la figura del fesso: rischia di compromettere il proprio benessere, inconsapevole, o momentaneamente dimentico, che se viene meno il benessere personale crolla tutta l'impalcatura. A forza di trascurare se stessi si finisce per esaurirsi, e una persona esaurita non è di aiuto a nessuno.

Come puoi essere di aiuto a qualcuno se prima non aiuti te stesso?

Come puoi dare attenzione agli altri se prima non dai attenzione a te stesso?

Come puoi comprendere le esigenze degli altri se prima non comprendi le tue?

Ricordati che tu sei la persona più importante della tua vita ed è ora che cominci a trattarti come tale.

Rimani generoso, ma preserva la tua salute.

Dona il tuo aiuto agli altri, ma fai attenzione a non toglierlo a te stesso.

Ascoltati. Impara a riconoscere i segnali di allarme che ti manda il tuo corpo. Non ignorarli, perché non spariranno, al contrario, pianteranno radici sempre più profonde.

Riposa. Stacca la spina dal mondo quando serve.

Dimentica chi sostiene che l'egoismo è un difetto da cui guardarsi. Chi lo dice ne coglie solo la variante negativa, trascurando il fatto che ne esiste anche un'altra di tutt'altra foggia.

Esiste anche un **egoismo sano e costruttivo**, quello che non dice "io al centro di tutto" ma "io al centro di me stesso". Cambia una sola parola, eppure le due frasi dipingono due pianeti completamente diversi. Nel primo caso l'ego-centratura calpesta gli altri, nel secondo tende loro la mano, solo che prima di farlo si assicura di avere le risorse necessarie per poterlo fare.

È il sano egoismo di chi sa chi è, cosa vuole e quale contributo può apportare al mondo.

È l'egoismo sacrosanto di chi ha costruito una buona **autostima** e una solida **consapevolezza di sé**, dei propri punti di forza e dei propri punti di rottura, di chi è cosciente che solo l'albero che ha radici forti può sviluppare rami rigogliosi.

Tutto parte dalla costruzione di un nucleo forte, quello che Battiato, e Gurdjieff[26] prima di lui, chiamano **centro di gravità permanente**, quel nocciolo forte come l'acciaio e duttile come l'acqua che sa restare immobile anche in mezzo alla tempesta.

Questa centratura, di cui ogni uomo saggio prima o poi si bagna le labbra, non è esaltazione dell'ego ma **nutrimento dell'essere**. È sapere attingere alla fonte per poter irradiare attorno.

Prima di dedicarti alla superficie, perciò, coltiva l'essenza. Non permettere a nessuno di consumarti e non dimenticare mai, neppure per un istante, di prenderti cura di te stesso.

La strada per approdare all'ambita meta può essere più o meno tortuosa a seconda di chi la percorre, ma parte sempre dallo stesso talento: l'arte di dire no.

Il dovere di dire "no"

Forse avevi già la convinzione che fosse necessario trovare il modo di decelerare, di ritagliarti più tempo, o forse questa convinzione l'hai maturata man mano che procedevi con la lettura, capitolo dopo capitolo.

Se c'è una parte di te che pensa che in qualche modo, prima o poi, semplicemente capiterà, che in qualche modo,

---

26. Georges Ivanovič Gurdjieff (1866-1949) è stato un filosofo e un mistico di origini greco-armene. Attinse dall'esoterismo e dalle principali tradizioni religiose per approdare a un pensiero del tutto originale, secondo cui l'uomo, attraverso una serie di tecniche, può svincolarsi dai condizionamenti psicologici che lo affliggono e risvegliarsi dal suo stato di sonno perenne.

per grazia divina, le cose rallenteranno, le persone chiederanno meno attenzione e i ladri del tempo si dilegueranno nell'oscurità della notte, sappi che te la stai raccontando. La gente continuerà a derubare il tuo tempo, il sistema continuerà a fagocitarti inventando nuove trappole di distrazione con cui privarti della tua linfa vitale.

Domani sarà uguale a oggi, a meno che tu non decida che sarà diverso.

Se vuoi più tempo libero, devi andartelo a prendere. Le cose non piovono dall'alto, le cose vanno prese, afferrate, strette al cuore e coltivate. Non ci sono alternative. **Vai a riprenderti il tempo che ti hanno rubato e poi difendilo coi denti.**

Non sei costretto a licenziarti, né tantomeno a chiuderti dentro un monastero sulla cima innevata dell'Himalaya. Per guadagnare tempo, molte volte, è sufficiente smettere di sprecarlo.

C'è questa cosa che aleggia nell'aria da tempi immemori per cui le brave persone sono quelle che dicono "sì". *Soprattutto* se a chiedere aiuto è qualcuno che ha bisogno. *Soprattutto* se non c'è nessun altro che possa ascoltarlo. *Soprattutto* se è un parente, un amico, la vecchietta indifesa che abita nella casa di fronte, il collega, il datore di lavoro. Un milione di "soprattutto" inanellati che fagocitano ore ed energie 24 ore su 24.

Questo non è un invito a isolarti dal mondo e coltivare il tuo orticello, tutt'altro, questo è un invito a **eliminare gli sprechi** così da riuscire a ottimizzare il tempo che hai a disposizione e investirlo finalmente in ciò che conta davvero.

Certo che i "sì" vanno pronunciati, ma solo quando sai di poterli rispettare, solo quando ne hai le forze e le risorse sufficienti, solo quando ne hai il tempo. E, punto mai abbastanza sottolineato, **quando ne hai *voglia*.** Non esistono "sì" scontati né tantomeno "sì" dovuti, esistono solo i "sì" che si decide di pronunciare in piena consapevolezza, in linea con sé e la propria volontà. Sapendo se ne vale la pena o se invece è una perdita di tempo tra le altre mille.

Impara a distinguere, tra i "sì" che elargisci come merce in saldo, quelli utili, che apportano un reale beneficio alle parti coinvolte, e quelli che invece sono destinati a disperdersi nel vento come dichiarazioni d'amore di un quindicenne.

Non tutti quelli che lo reclamano, meritano il tuo tempo.

Impara a distinguere gli approfittatori dai meritevoli. Tra chi usa il tuo tempo per gettare i suoi rifiuti, gonfiare la sua vanità o mettere a segno qualche doppio fine e chi invece lo utilizza per migliorarsi, condividere e mettersi a nudo.

Impara a riconoscere **i cafoni**, quelli che pretendono il tuo tempo come fosse un buono pasto e poi nemmeno si prendono la briga di ringraziarti.

Impara a riconoscere **i manipolatori**, quelli che quando, dopo un milione di "sì", ti azzardi a pronunciare un "no", hanno pure il coraggio di storcere il naso e farti sentire in colpa.

Dire "no" quando non abbiamo tempo ed energie sufficienti, o semplicemente quando non ci va di fare qualcosa, non è maleducazione ma un **diritto inviolabile di ogni essere umano**. Di più, è un dovere che abbiamo nei confronti della sacralità di questa fragile vita.

Il tempo è una risorsa sacra e difenderlo è un'arte da guerrieri.

Comincia a eliminare i "devo" dal tuo vocabolario e a sostituirli con i "voglio", non solo perché tutti i "sì" forzati sono destinati a generare pessimi risultati, ma perché acconsentire a ciò che non desideri è una delle violenze più grandi che tu possa commettere nei confronti di te stesso.

Impara a **fissare i tuoi limiti**, con decisione e senza ambiguità. A far capire dove finiscono i compromessi e comincia la manipolazione. Spiega a chiare lettere che sei aperto ai suggerimenti, ai consigli e ai cambi di opinione, ma che i condizionamenti, i divieti e le limitazioni alla tua libertà li restituisci volentieri al mittente.

Impara, infine, a **mettere alla porta i sensi di colpa** per tutti i "no" che pronuncerai in piena consapevolezza. Perché c'è solo una cosa di cui dovrai rimproverarti: di non esserti rispettato prima, di non esserti ascoltato.

Pulizie di primavera

"Come un vecchio veliero che, cercando di non andare a fondo in mezzo a una tempesta, butta a mare tutta la zavorra – le casse della polvere, i barili del rum e tutto quel che prima era sembrato indispensabile – io riducevo all'essenziale i rapporti umani e tagliavo via tutti i legami inutili, quelli tenuti per abitudine, per opportunismo, o per semplice cortesia."

(Tiziano Terzani)

È una delle storture di questa società dedita alla superficie e irrispettosa dell'essenza che si debba andare d'accordo con tutti. Che si debba farsi piacere chiunque e trascorrere tempo anche con chi non si desidera passarlo, perché rifiutarsi di farlo "non sta bene", "non è gentile".

Io spero che a questo punto tu l'abbia capito che l'unica cosa che "non sta bene", qui, è sprecare tempo, e di certo passarlo con persone con cui, per mille motivi, non hai piacere di passarlo è molto più di uno spreco, è un'emorragia di tempo e opportunità esistenziali che sgorgano via dalla tua pelle.

Perché dovresti dedicare del tempo a chi ti annoia? A chi non ti lascia nulla?

Perché dovresti donarlo a chi ti toglie, anziché dare, a chi ti impoverisce, anziché arricchire?

E perché, dimmi, dovresti concedere il dono più prezioso che stringi tra le dita a chi lo dà per scontato, a chi lo pretende, a chi non ne ha rispetto e dopo averlo ricevuto lo calpesta come uno scarafaggio?

Il tempo è troppo prezioso per donarlo a chicchessia. **Il tempo è troppo poco per consumarlo in rapporti di facciata**, tenuti in vita per cortesia, abitudine, o semplice interesse.

Anche se faranno di tutto per convincerti del contrario, non esistono legami obbligati, nemmeno quelli di sangue. Abbiamo il sacrosanto diritto di allontanare dalla nostra vita tutti quelli che non vogliamo ci ronzino attorno, compresi i parenti serpenti e gli avvoltoi travestiti di amore fraterno.

Il tempo è troppo poco per perderlo dietro i **rapporti defunti**, che hanno esaurito il proprio ciclo vitale. Ci sono legami che hanno lasciato solchi profondi nella nostra vita ma che poi, per qualche motivo, si sono esauriti. Non è colpa di nessuno, semplicemente si sono spenti, e ora si trascinano stanchi aspettando che qualcuno stacchi loro la spina. Chiudere i cerchi rimasti aperti è un atto di grande rispetto per entrambe le parti coinvolte, per quel che ci si è dati, per quel che si è stati insieme e per quel che si sarà disgiunti. Concedere l'eutanasia ai legami che vegetano consumandosi lentamente è una manifestazione di coraggio e un immenso gesto d'amore.

Il tempo è troppo poco anche per tutti i **rapporti malati**, quelli che confondono l'ossessione per amore, che tarpano le ali anziché aiutarle a sciogliersi, che anziché concedere respiro perseguono il possesso, la simbiosi e l'isolamento. Per tutti i rapporti che contemplano la manipolazione, le intimidazioni e la violenza, fisica e verbale, che imprigionano e pretendono di plasmare l'oggetto del proprio desiderio, perché amore sì, ma solo dopo aver pagato pegno.

Il tempo è troppo poco per i **gettarifiuti seriali** e le **sanguisughe di energia**. Spiega loro che non sei una pattumiera dove possono riversare tutte le loro schifezze e che la loro negatività possono pure tenersela, perché la vita è troppo breve per toglierle anche la poesia. Diglielo con dolcezza ma con fermezza, e se proseguono imperterriti per la loro strada, allora mettili alla porta.

Argina i vampiri che non hanno rispetto del tuo tempo e la prossima volta che ne incontri uno offrigli un collo esangue. Perché un vampiro è tale finché ha una preda da succhiare, se la preda si dilegua, svapora al primo accenno di chiarore.

Dobbiamo strapparci di dosso tutti i rapporti scaduti, inutili e malsani prima che facciano ulteriori danni. Dobbiamo lavare via con un colpo di spugna tutte le "amicizie" dannose che sono finite in casa nostra per sbaglio, disattenzione o semplice superficialità.

Puliamo tutto – i nostri appartamenti, i nostri vestiti e le nostre auto – ma dimentichiamo di mettere ordine nelle nostre vite. È ora di cominciare a farlo. Una bella **sfoltita di rami secchi** eliminerà dalla tua esistenza chi non merita di farne parte e ti aiuterà a ristabilire le giuste priorità.

E se davvero il ramo secco non può essere tagliato, allora fai come fanno gli alchimisti: **trasforma il piombo in oro**.

Cerca di capire se c'è un piccolo margine su cui poter lavorare, se esiste il modo di smorzare le negatività, distogliere l'attenzione e dirigerla verso punti più luminosi. Prova a scoprire se in mezzo al buio si nasconda una piccola fiammella su cui soffiare, affinché possa prendere vigore e illuminare la notte. Ma se non c'è, sii pronto a gettare la spugna senza alcun timore, perché ogni anima ha il suo percorso karmico da compiere e noi possiamo sì gettare luce, ma mai interferire, mai forzare la mano.

Lascia andare quel che deve andare e traine i dovuti insegnamenti. Ricorda che **nulla accade per caso**, che ogni persona incontrata è uno specchio, ogni dolore un'opportunità di crescita, ogni crisi un punto di rottura da cui rinascere a nuova vita.

Cambia dentro, se vuoi che cambi fuori.

E poi esci a goderti i frutti del nuovo mondo che hai contribuito a generare.

Il dono più prezioso

Se condotte con meticolosità e regolarità, le pulizie di primavera creeranno un surplus di tempo pronto per essere donato.

La prima persona a beneficiarne dovrà essere colui che troppo a lungo ha pagato lo scotto di una ripartizione temporale ingiusta e sconsiderata: se stessi. **Chiedersi scusa e risarcirsi** per tutta l'attenzione mancata è il primo, doveroso passo del lento processo di svincolamento dal nostro status di schiavi del tempo.

Ma la guarigione non è ancora terminata, affinché il recupero possa dirsi completo occorre un ulteriore passo. Quello che dal centro conduce all'esterno.

Dopo avere nutrito noi stessi, possiamo finalmente **nutrire gli altri**. La medicina, lo avrai capito, si chiama tempo e non prevede effetti collaterali, tranne un'insana e contagiosa felicità.

Quando si tagliano i rami morti, si fa spazio ai rami sani. Con più aria, acqua e humus a disposizione, i rami sani hanno finalmente la possibilità che attendevano di crescere vigorosi, uscire dall'ombra e mostrarsi al mondo in tutto il loro splendore.

È ad essi che è destinato il tempo che sei riuscito a strappare alla vita.

È ad essi che dovrà essere rivolta, d'ora in poi, tutta la tua attenzione.

Benvenuti, rami sani

Dona il tuo tempo a chi conta davvero. Alle persone importanti, che sono riuscite a scavarsi un posticino d'onore nella tua vita. A tutte quelle persone che ami come te stesso, anzi forse persino un pizzico di più, e che in virtù di una cecità temporanea, hai finito per trascurare. Ora che la cecità è stata curata, ora che i tuoi occhi sanno finalmente vedere di nuovo, fai in modo di non perderle mai più di vista.

Alle persone che lo meritano, il tuo tempo, che se lo sono guadagnato senza mai domandarlo, figuriamoci pretenderlo. Quelle umili, sincere e trasparenti, che prima di chiedere donano, prima di parlare ascoltano, prima di entrare bussano piano.

Alle persone che ti fanno diventare migliore. Quelle che ti offrono nuovi spunti, permettendoti di allargare i tuoi orizzonti, quelle capaci di parlare "alto" e sondare i misteri della vita. Quelle attente all'invisibile, all'impalpabile, al non detto nascosto tra le sillabe.

Alle persone che ti accolgono così come sei. Che non ti forzano, ma rispettano i tuoi tempi, anche se poco si accordano con i loro. Quelle che sanno starti vicino senza parlare, che aleggiano nel cuore anche quando sono lontane. Che non ti giudicano e ti offrono un rifugio anche quando smarrisci la via. Anzi, soprattutto, quando smarrisci la via.

Alle persone che anziché succhiarti energia te la regalano a piene mani. Che anziché battere la lingua sulla miseria dell'uomo e della vita, ne esaltano la bellezza e te la ricordano ogni volta che perdi la speranza per strada.

A quelle che sanno ancora giocare e planano leggere sull'esistenza senza perdere in essenza. A quelle che ti fanno ridere e ballare, che conoscono la tua parte sciocca e bambina e non si stancano di darle voce.

A quelle che ti incoraggiano, che conoscono le tue doti e le rendono onore, che celebrano i tuoi successi e non lesinano sui complimenti veri, non quelli dovuti, quelli che sgorgano sinceri. A quelle che sanno che le parole senza gesti non valgono nulla, ma i gesti senza parole sono atti freddi e privi di cuore.

Alle persone invisibili, quelle che hai sempre visto ma non hai mai notato, quelle a cui non hai prestato attenzione, a cui sei passato accanto senza fermarti.

A quelle che ancora non conosci e che ti cambieranno la vita, che ti attraverseranno la strada veloci e dirompenti come meteore, il tempo sufficiente a scuoterti, a darti la carezza che sognavi, il punto di vista che ti mancava, la parola che non ti aspettavi.

Alle persone in attesa di un miracolo che ridia loro la speranza, a quelle che non aspettano altro che una stella cadente attraversi loro la strada e stravolga la loro vita.

A quelle che non hai mai ascoltato. Quelle che hanno storie come romanzi da raccontare, ferite come voragini da risanare, muri da abbattere, cuori da scongelare.

La moltiplicazione del tempo

Sono ancora molte le cose che mi sfuggono di questo mistero insondabile che continuiamo a chiamare vita. Ma una cosa la so ed è che questo mistero è un puzzle fatto di tanti tasselli e che ogni tassello ha la sua precisa collocazione, ogni tassello è speciale, unico e insostituibile.

E so anche un'altra cosa: che ogni tassello senza gli altri accanto è solo un pezzo di cartone senza significato. **Nessuna pennellata, per quanto perfetta, può da sola dipingere un quadro**.

Devi andarti a riprendere il tempo perduto per fortificare il tuo centro di gravità, perché è da lì che tutto nasce, da lì che tutto parte. Ma questo è solo il primo passo, non certo l'ultimo, non è questa la meta, non è questo il punto di approdo.

Il centro deve essere forte affinché possa irradiarsi.

Ricercando il nostro tempo perduto, strappato, sprecato, buttato, andiamo a riunire tutti i frammenti disgiunti e così facendo gettiamo le basi di una **nuova umanità**.

Senza gli altri non siamo niente, e senza di noi, gli altri non sono niente. Eccolo, il vero punto d'approdo, la meta inseguita da questo libro, parola dopo parola, pagina dopo pagina, capitolo dopo capitolo.

Recupera il tuo tempo e donalo a te stesso e alle tue vocazioni. Ma non tenerlo tutto per te, tienine un pezzettino da parte e poi, non appena se ne presenta l'occasione, regalalo a chi lo merita. Solo vivendo il tempo con lentezza riuscirai a trattenerlo, solo condividendolo con gli altri riuscirai a moltiplicarlo.

Dona, dona ogni volta che puoi, così che tu possa ricevere sotto un'altra forma e ricordare che nulla a questo mondo viene disperso, tranne il tempo che viene sprecato.

Tutto si trasforma. Tutto torna indietro.
È l'eterno ritorno, diceva Nietzsche.
È la legge del karma, dicono i buddhisti.
È la vita, dico io.

Ringraziamenti

Giunto alla fine di questo percorso non posso che ringraziare coloro che mi hanno aiutato a compierlo, fermo restando, ovviamente, che la responsabilità di quanto scritto è soltanto mia.

GRAZIE a te lettrice e GRAZIE a te lettore, per aver scelto di dedicare il tuo tempo così raro e prezioso a leggermi fin qui.

GRAZIE a Simona Camporesi, la mia Editor, per la sua professionalità, la sua esperienza e la sua infinita pazienza.

GRAZIE alle persone a me vicine, per il loro apporto quotidiano e la loro presenza.

GRAZIE a coloro che, con un piccolo gesto, un consiglio, una parola, sono stati d'aiuto per la realizzazione di questo scritto.

E infine, GRAZIE a chi ha deciso di impiegare il proprio tempo per dirmi che "i libri non li legge più nessuno" e suggerirmi di "lasciare perdere". Siete stati d'ispirazione più di quanto crediate.

A tutti voi, lascio il mio miglior augurio:

Regalati il tempo

Regalati il tempo per fermarti
e chiederti se la strada intrapresa è quella giusta,
se quel che fai ti piace o ti disgusta,
per imparare a scegliere col cuore, mai più con la paura,
per costruirti un lavoro dignitoso e su misura.

Regalati il tempo per fare pace col silenzio
e ritrovare la tua voce antica,
quella dimenticata, quella bandita,
quella che domanda coraggio e regala sogni,
che dà voce ai talenti e alle passioni.

Regalati il tempo per potare i rami secchi,
togliere attenzione a chi ti infetta
e donarla solo a chi la merita,
per scalzare la superficie e raggiungere l'essenza,
là dove germogliano i doni e la bellezza.

Regalati il tempo per aprire gli occhi
e vedere che è il tempo la vera ricchezza,
che la felicità non è negli oggetti ma dentro una carezza
e che inseguire come unico fine il denaro,
anziché libero, ti renderà schiavo.

Regalati il tempo per rallentare
e imparare l'arte del dolce far nulla,
quella che dona riposo, quella che cura,
per comprendere che questa folle corsa è solo un'illusione,
che è sapere oziare, oggi, la vera rivoluzione.

   Schiavi del Tempo

Regalati, infine, il tempo per ricordare
che siamo tutti intrecciati, che siamo connessi,
che non è possibile amare gli altri senza prima amare noi stessi,
per capire che solo il tempo investito non viene sprecato,
e che l'unico tempo che si moltiplica è quello donato.